Ipek Aydin, Ursula Göbel

Lesespurgeschichten Mathematik

Mit spannenden Geschichten differenziert Lesekompetenz fördern und nachhaltig Lust am Lesen wecken

5.-6. Klasse

PERSEN

Die Autorinnen

Ipek Aydin ist Lehrerin an einer integrierten Gesamtschule für die Fächer Mathematik und Englisch.

Ursula Göbel ist Lehrerin an einer integrierten Gesamtschule für die Fächer Biologie und Religion.

1. Auflage 2021
© 2021 PERSEN Verlag, Hamburg

AAP Lehrerwelt GmbH
Veritaskai 3
21079 Hamburg
Telefon: +49 (0) 40325083-040
E-Mail: info@lehrerwelt.de
Geschäftsführung: Christian Glaser
USt-ID: DE 173 77 61 42
Register: AG Hamburg HRB/126335
Alle Rechte vorbehalten.

Autorinnen:	Ipek Aydin, Ursula Göbel
Coverillustration:	Barbara Gerth
Illustrationen:	Barbara Gerth
Satz:	Satzpunkt Ursula Ewert GmbH, Bayreuth
Druck und Bindung:	Korrekt Nyomdaipari Kft., Ungarn

ISBN: 978-3-403-20763-4
www.persen.de

～ Inhaltsverzeichnis ～

Digitales Zusatzmaterial:
Lesespurlandkarten farbig und schwarz-weiß

∿ Vorwort ∿

Welche Lehrkraft kennt es nicht? Viele Lernende überfliegen Aufgabenstellungen nur oder lesen diese erst überhaupt nicht. Doch auch im Mathematikunterricht ist Lesekompetenz gefragt. So lassen sich Textaufgaben ohne die Entnahme der richtigen Information erst gar nicht lösen. Mit den motivierenden Lesespurgeschichten in diesem Band soll daher neben mathematischen Kompetenzen auch die Lesekompetenz gefördert werden, denn die Lernenden können nur durch sorgfältiges Lesen der Texte die relevanten Informationen erkennen und so die richtige Lesespur finden.

Jede Lesespurgeschichte wird in zwei Differenzierungsstufen angeboten. Die einfache Version (1) bieten sich vor allem für lernschwächere Kinder und langsame Leserinnen und Leser an. Hier wurden z. B. Wörter hervorgehoben oder Texte verkürzt, sodass die relevanten Informationen leichter zu erkennen sind. Zusätzlich gibt es Hilfestellungen und Tipps, um die Aufgaben selbstständig lösen zu können. Bei der etwas schwereren Version (2) wurden kaum Hilfestellungen eingebaut. Die Texte sind z. T. etwas länger oder es wurden zusätzliche Aufgaben für „Profis" eingebaut.

Es wurde darauf geachtet, dass alle Aufgaben in den Lesespurgeschichten ausreichend erklärt werden, sodass eine Vorbesprechung nicht nötig ist.

Die Vorbereitung ist für Sie ganz einfach und benötigt nur wenig Zeit:

1. Einschätzen, welches Kind welche Differenzierungsstufe benötigt

2. Lesespurgeschichte und Lesespurlandkarte in Klassenstärke kopieren

3. Ggf. die Lesespurlandkarte(n) einmal deutlich vergrößert (mindestens A3-Format) kopieren

4. Vergrößerte Kopie im Klassenraum aufhängen

Im Inhaltsverzeichnis können Sie sehen, auf welche mathematischen Themen sich die Lesespurgeschichten jeweils beziehen.

Hier noch ein Hinweis für die Lesepurgeschichte „Auf der Suche nach dem Schatz" (Geometrie): Die Lesespurlandkarte muss unbedingt in der Größe 100 % (Druckereinstellung) ausgedruckt und kopiert werden, sonst passen die Abstände beim Messen und Konstruieren nicht.

Wir wünschen viel Spaß beim Einsatz!

～ Wie funkioniert eine Lesespurgeschichte? ～

Bei einer Lesespurgeschichte ist der ganze Text durcheinander und du musst die richtige Reihenfolge der Textabschnitte herausfinden. Die Lesespurlandkarte hilft dir dabei.

Gehe so vor:

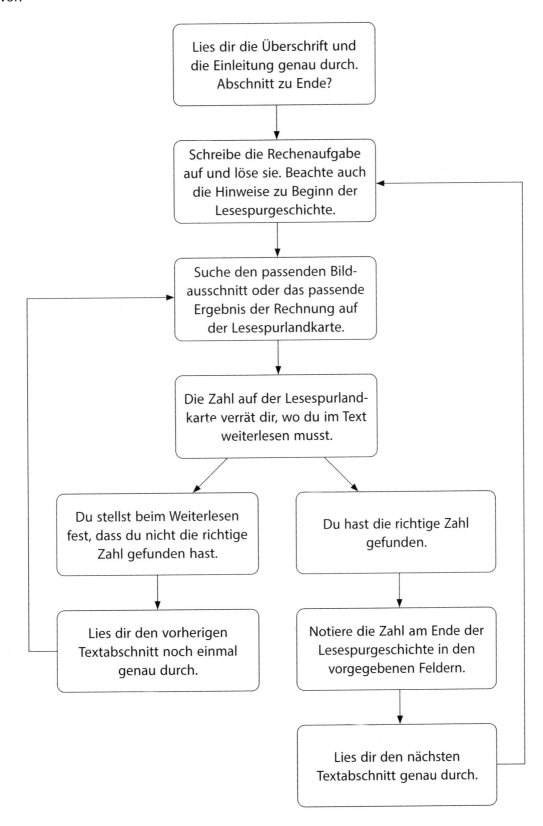

Auf der Suche nach dem Schatz – Lesespurgeschichte (1)

> **Hinweis:** Du benötigst ein Geodreieck und einen spitzen Bleistift.

In dieser Lesespurgeschichte findest du heraus, ob du dich mit Strecken, Senkrechten und Parallelen auskennst. Den Schatz findest du nur, wenn du genau misst, zeichnest und dein Geodreieck richtig einsetzt. Die Kreuze auf der Lesespurlandkarte sind jeweils deine Messpunkte. Starte bei **1** mit dem Lesen!

1	Du findest am Strand eine Flaschenpost. Darin steckt ein Zettel mit einem Hinweis: Wenn du von hier aus genau **6 m** weiter zu den Felsen gehst, findest du den nächsten Hinweis, der dich am Ende zu einem Schatz führt.
3	Unter dem Felsen holst du eine alte Dose hervor. In ihr findest du einen weiteren Zettel. Darauf steht: Die Strecke, die du gerade eben eingezeichnet hast, brauchst du nun. Zeichne in der **Mitte** der Strecke eine **Senkrechte** ein. Auf der Senkrechten findest du den nächsten Hinweis.
4	Unter diesem Felsen ist nichts zu sehen. Hast du das Geodreieck exakt an dem Punkt bei der Flaschenpost angelegt?
5	An der Palme hängt der nächste Hinweis: Zeichne eine **Parallele** exakt **6,5 cm** von der **Strecke** entfernt ein, die du gerade zwischen den Palmen gezeichnet hast. Auf der **Parallele** liegt der nächste Hinweis.
7	Spanne ein **6,3 m** langes Seil zwischen deinem letzten Fundort und einer Palme.
8	Hier kommst du nicht weiter. Bist du von der **Mitte** der Strecke aus gestartet?
9	Hier bist du falsch. Hast du den **Nullpunkt** am Geodreieck exakt an der Palme (Kreuz zu Punkt 7) angelegt?
11	Du bist richtig und findest den nächsten Hinweis: Zeichne von der **Parallelen** eine **Senkrechte** mit der Länge **4,7 cm**, um den nächsten Hinweis zu finden. Er versteckt sich zwischen Blumen. Aber Achtung, zeichne exakt! Es gibt auch giftige Blumen.
13	Der Punkt ist falsch. Hast du genau gemessen?
14	Der Punkt stimmt nicht. Schau noch einmal nach, wie man eine **Senkrechte** einzeichnet. Kontrolliere auch, ob du richtig abgemessen hast.
15	Du findest eine riesige Blume, die gut duftet und um die viele Schmetterlinge flattern. Zwischen ihren Blütenblättern ist der nächste Hinweis versteckt: Zeichne von diesem Punkt aus eine **Senkrechte** zu der eben eingezeichneten Strecke, die ebenfalls **4,7 cm** lang ist.

17	Hier triffst du eine Schildkröte, die eine glitzernde Kette um den Hals trägt. Du schaust dir die Kette genauer an und entdeckst, dass ein kleiner Zettel daran befestigt ist. Darauf steht folgende Anweisung: Zeichne von diesem Punkt aus eine **Senkrechte** zu der **Parallelen**, die du vorhin gezeichnet hast. Erkennst du nun ein **Quadrat** auf der Schatzkarte? Finde die **Mitte** des Quadrats. Dort befindet sich der Schatz.
18	Dieser Punkt ist nicht richtig. Aber du hast es schon geahnt. Die Blume stinkt und hat eine giftig leuchtende Farbe. Hast du eine Senkrechte eingezeichnet? Achte auf die **Nulllinie** am Geodreieck.
19	Hier ist kein Schatz. Zeichne die **Diagonalen** ein. Der Schnittpunkt ist die Mitte des Quadrats.
20	Was ist das? In der Mitte des Sees siehst du ein Glitzern. Herzlichen Glückwunsch, du hast den Schatz gefunden!

Meine Lesespur:

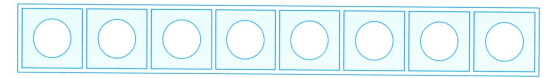

Auf der Suche nach dem Schatz – Lesespurgeschichte (2)

Hinweis: Du benötigst ein Geodreieck und einen spitzen Bleistift.

In dieser Lesespurgeschichte findest du heraus, ob du dich mit Strecken, Senkrechten und Parallelen auskennst. Den Schatz findest du nur, wenn du genau misst, zeichnest und dein Geodreieck richtig einsetzt. Die Kreuze auf der Lesespurlandkarte sind jeweils deine Messpunkte. Starte bei **1** mit dem Lesen!

1	Du findest am Strand eine Flaschenpost. Darin steckt ein Zettel mit einem Hinweis: Wenn du von hier aus genau 6 m weiter zu den Felsen gehst, findest du den nächsten Hinweis, der dich zu einem Schatz führt.
2	Hast du daran gedacht, die Maßeinheit richtig umzurechnen? Achte auf die Legende!
3	Unter dem Felsen holst du eine alte Dose hervor. In ihr findest du einen weiteren Zettel. Darauf steht: Die Strecke, die du gerade eben eingezeichnet hast, brauchst du nun. Zeichne in der Mitte der Strecke eine Senkrechte ein. Auf der Senkrechten findest du den nächsten Hinweis.
4	Unter diesem Felsen ist nichts zu sehen. Hast du das Geodreieck exakt an dem Punkt bei der Flaschenpost angelegt?
5	An der Palme hängt der nächste Hinweis: Zeichne eine Parallele exakt 6,5 cm von der Strecke entfernt ein, die du gerade zwischen den Palmen gezeichnet hast. Auf der Parallele liegt der nächste Hinweis.
6	Der Punkt stimmt nicht. Hast du eine Senkrechte eingezeichnet? Achte auf die Nulllinie am Geodreieck!
7	Spanne ein 6,3 m langes Seil zwischen deinem letzten Fundort und einer Palme.
8	Hier kommst du nicht weiter. Bist du von der Mitte der Strecke aus gestartet?
9	Hier bist du falsch. Hast du den Nullpunkt am Geodreieck exakt an der Palme (Kreuz zu Punkt 7) angelegt?
10	Hier bist du leider falsch. Der gesuchte Punkt befindet sich oberhalb des eingezeichneten Seils.
11	Du bist richtig und findest den nächsten Hinweis: Zeichne von der Parallelen eine Senkrechte mit der Länge 4,7 cm, um den nächsten Hinweis zu finden. Er versteckt sich zwischen Blumen. Aber Achtung, zeichne exakt! Es gibt auch giftige Blumen.
12	Leider bist du hier falsch.
13	Der Punkt ist falsch. Hast du die Länge genau abgemessen?
14	Der Punkt stimmt nicht. Schau noch einmal nach, wie man eine Senkrechte einzeichnet. Kontrolliere auch, ob du richtig abgemessen hast.
15	Du findest eine riesige Blume, die gut duftet und um die viele Schmetterlinge flattern. Zwischen ihren Blütenblättern ist der nächste Hinweis versteckt: Zeichne von diesem Punkt aus eine Senkrechte zu der eben eingezeichneten Strecke, die ebenfalls 4,7 cm lang ist.

Auf der Suche nach dem Schatz – Lesespurgeschichte (2)

16	Leider falsch. Zum Glück bemerkst du noch rechtzeitig, wie sich eine Fliege auf die Blüte setzt und sofort leblos herunterfällt. Hast du die Länge der Senkrechten genau abgemessen?
17	Hier triffst du eine Schildkröte, die eine glitzernde Kette um den Hals trägt. Du schaust dir die Kette genauer an und entdeckst, dass ein kleiner Zettel daran befestigt ist. Darauf steht folgende Anweisung: Zeichne von diesem Punkt aus eine Senkrechte zu der Parallelen, die du vorhin gezeichnet hast. Erkennst du ein Quadrat auf der Schatzkarte? Finde die Mitte des Quadrats. Dort befindet sich der Schatz!
18	Dieser Punkt ist nicht richtig. Aber du hast es schon geahnt. Die Blume stinkt und hat eine giftig leuchtende Farbe. Hast du eine Senkrechte eingezeichnet? Achte auf die Nulllinie am Geodreieck.
19	Hier ist kein Schatz. Zeichne die Diagonalen ein. Der Schnittpunkt ist die Mitte des Quadrats.
20	Was ist das? In der Mitte des Sees siehst du ein Glitzern. Herzlichen Glückwunsch, du hast den Schatz gefunden!

Meine Lesespur:

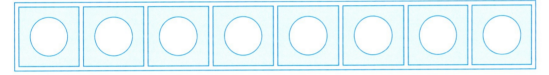

Auf der Suche nach dem Schatz – Lösung (1+2)

Meine Lesespur:

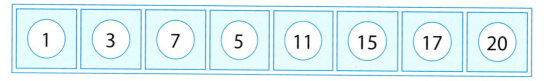

| 1 | 3 | 7 | 5 | 11 | 15 | 17 | 20 |

∽ Ein Tag im Schnee – Lesespurgeschichte (1) ∽

> **Hinweise:**
> 1. Um die Aufgaben zu lösen, schreibe die Rechnungen auf.
>   → Plus und Minus untereinander
> 2. Verbinde die Punkte neben den Zahlen auf der Lesespurlandkarte in der richtigen Reihenfolge. Nutze dafür ein Lineal.

Mohamed schaut aus dem Fenster und staunt: „Wow, so viel Schnee!" Schnell zieht er sich an. Beim Frühstück hört er im Radio die Nachrichten: „Heute Nacht hat es viel geschneit. **Es hat 18 Stunden lang geschneit. Pro Stunde sind 7 cm Schnee gefallen.**" Mohamed überlegt, wie hoch der Schnee jetzt wohl liegt.

Wenn du einen Tipp brauchst, schau bei der Zahl 42 nach.

16	„Mir ist kalt. Komm, wir gehen nach Hause." Auf dem Heimweg kommen die beiden Jungs an einem Computerspieleladen vorbei. „Oh cool! Schau dir mal den Gamer Stuhl an!" Julian ist begeistert. Mohamed ergänzt: „Und der PC und der Monitor da drüben!" Das ist alles ganz schön teuer. Auf den Preisschildern ist folgendes zu lesen: 3 187 € 1 953 € 2 052 € Wie viel würde **alles zusammen** kosten?
42	Bei dieser Aufgabe musst du multiplizieren (Mal rechnen).
126	„Klasse, da kann ich Schlitten fahren!" Sein Blick fällt auf die Milchpackung. Dort steht: *Diese Milch kommt von glücklichen Kühen. Seit Jahren gibt es immer mehr glückliche Kühe. Vor zehn Jahren kam diese Milch von gerade einmal 1 493 Kühen. Inzwischen sind es 5 607 Kühe mehr!* Wie viele Kühe sind das **insgesamt**?
310	„… 310 Folien!" Julian lacht: „Das sind viele." Auf dem Weg zum Rodelberg laufen die beiden Jungs an einem kleinen Wald vorbei. Am Wegrand steht ein großes Schild. Julian liest vor: „Hier wachsen bald neue Bäume. Zu den **3 592** Bäumen **kommen** in den nächsten fünf Jahren noch **2 859 dazu.**" **Wie viele** Bäume stehen dann in dem Wald?
846	Julian ist sofort dabei. „Klar komme ich mit!" Kurze Zeit später sind die beiden auf dem Weg. „Ich habe neue Sammelkarten bekommen", berichtet Julian. „Oh cool! Wie viele hast du jetzt?", fragt Mohamed. „80 Stück. Aber ich habe von einem Mann gelesen, der insgesamt **2 480** Karten hat! Kannst du dir das vorstellen?" Mohamed ist beeindruckt: „Wie viele Folien er da wohl braucht, um die Karten aufzubewahren? In eine Sammelfolie passen immer **acht** Karten. Das sind dann …"
873	Bei dieser Aufgabe musst du subtrahieren (Minus rechnen).

1 936	„Das reicht auf jeden Fall, um auch noch die Küche zu renovieren." Mohamed stellt seine leere Tasse ab und fragt: „Mama, spielen wir etwas zusammen?" Mohameds Mutter nickt: „Gern, aber vorher möchte ich noch deine Mathehausaufgaben sehen." Mohamed läuft schnell in sein Zimmer. Die Hausaufgaben sind fast fertig. Es fehlt nur noch eine **Additions**aufgabe:

1 963	Ups, Zahlendreher. Schau noch einmal genau hin.
4 385	„Gut, dass wir mit der Bahn fahren. Laufen würde ewig dauern!" Die Jungs sind beim Rodelberg angekommen. Julian schnauft ein bisschen. Der Hügel ist ganz schön steil! Oben angekommen rodeln die beiden direkt den Berg wieder hinunter und laufen danach wieder hoch. Beim vierten Mal übersieht Mohamed einen kleinen Schneehügel. Der Schlitten kippt um und er rutscht ein paar Meter ohne Schlitten weiter. „Alles in Ordnung?", ruft Julian ihm zu. Mohamed lacht: „Ja, alles okay. Den habe ich nicht kommen sehen." Mohamed steht auf und klopft sich den Schnee ab. Da fällt ihm ein zerknitterter Zettel auf. „Was ist das denn?" $8544 : \quad\quad = 534$ Die eine Zahl auf dem Zettel ist vom nassen Schnee verwischt und nicht mehr zu erkennen. Bekommst du sie heraus? Wenn du einen Tipp brauchst, schau bei der Zahl 7 153 nach.
6 451	Julian strahlt: „Das sind aber viele Bäume! Einen Wald gibt es übrigens auch bei der Jugendherberge, zu der wir im Frühling auf Klassenfahrt hinfahren. Hoffentlich dürfen wir zusammen in ein Zimmer." Mohamed überlegt: „Hast du schon einmal darüber nachgedacht, wie viel die Klassenfahrt für die ganze Klasse kostet?" Julian schüttelt den Kopf. „Nein. Ich finde schon **436 €** pro Nase hört sich viel an. Wir sind **21** Kinder in der Klasse." Die beiden Jungs überlegen zusammen. Wenn du einen Tipp brauchst, schau bei der Zahl 42 nach.
7 100	Mohameds Mutter schaut aus dem Fenster: „Zieh dich warm an, bevor du raus gehst." Die dicken Wintersachen sind schnell angezogen. Los geht's! Mohamed schnappt sich seinen Schlitten und macht sich auf den Weg zu seinem besten Freund Julian. Er wohnt gleich um die Ecke. Mohamed holt Julian jeden Morgen auf dem Weg zur Schule ab. Von Mohameds Haus bis zur Schule sind es **4 485 m**. Bis zu Julian sind es **3 639 m** weniger. Wie weit wohnen Mohamed und Julian auseinander? Wenn du einen Tipp brauchst, schau bei 873 nach.
7 129	Ups, Zahlendreher. Schau noch einmal genau hin.
7 153	Bei dieser Aufgabe musst du dividieren (Geteilt rechnen).

Ein Tag im Schnee – Lesespurgeschichte (1)

7192	„Bis Morgen!", ruft Julian Mohamed zu. „Bis Morgen!" Mohamed freut sich auf die warme Wohnung. Zum Aufwärmen gibt es eine heiße Schokolade. Das ist super! Während Mohamed die heiße Schokolade trinkt, unterhalten sich seine Eltern: „Wie viel haben wir denn noch für die Renovierung der Wohnung übrig? **9 646 €** hatten wir am Anfang. Die Renovierung des Badezimmers hat **5 723 €** gekostet, das Wohnzimmer **1 987 €**." Wenn du einen Tipp brauchst, schau bei 873 nach.
8378	„Das sieht gut aus." Mohameds Mutter macht ein zufriedenes Gesicht. „Dann kann es mit dem Spieleabend losgehen." Super, du hast die Lesespur geschafft! Schaue dir die Linien auf der Karte genau an. Ergänze noch einen letzten Strich und du kannst ein Tier erkennen.
9156	„Das ist richtig viel Geld! Auf die Bahnfahrt freue ich mich auch schon. Wie weit fahren wir nochmal?", fragt Mohamed. „Frau Fuchs meinte, dass die Bahn bis nach Hamburg durchfährt. Von unserer Haltestelle aus sind das **7 679 m**. Aber wir müssen nicht bis nach Hamburg, sondern steigen **3 294 m** vorher aus." **Wie viel** Meter fährt die Klasse mit der Bahn? Wenn du einen Tipp brauchst, schau bei 873 nach.

Meine Lesespur:

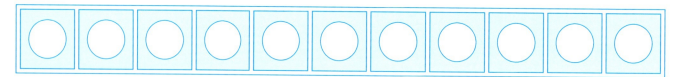

Die Linien ergeben die Form von einem Tier. Es ist ein _____ .

16

～ Ein Tag im Schnee – Lesespurgeschichte (2) ～

> **Hinweis:** Verbinde die Punkte neben den Zahlen auf der Lesespurland-karte in der richtigen Reihenfolge. Nutze dafür ein Lineal.

Ist das aufregend, es hat noch mehr geschneit. Der Schnee liegt richtig hoch! Mohamed schaut aus dem Fenster und staunt: „Wow, das ist so viel Schnee!" Schnell zieht er sich an. Das Frühstück möchte er am liebsten weglassen, aber sein Vater protestiert: „Frühstück muss sein." Schnell macht sich Mohamed ein Brötchen. Im Radio laufen gerade die Nachrichten: „Heute Nacht hat es viel geschneit. Es hat 18 Stunden lang geschneit. Pro Stunde sind 7 cm Schnee gefallen." Mohamed überlegt, wie hoch der Schnee jetzt wohl liegt?

16	„Mir wird langsam kalt. Komm, lass uns nach Hause gehen." Mohamed nickt zustimmend. Auf dem Heimweg kommen sie an einem Computerspieleladen vorbei. Am Schaufenster bleiben die Jungs kurz stehen. „Oh cool, schau dir mal den Gamer Stuhl an! Der sieht richtig gut aus." Julian ist begeistert. Mohamed ergänzt: „Und der PC und der Monitor sind auch super!" Ob den beiden bewusst ist, dass alles zusammen ganz schön teuer ist? Auf den Preisschildern ist folgendes zu lesen: 3 187 € 1 953 € 2 052 € Wie viel würde alles zusammen kosten?
126	„Klasse! Da kann ich Schlitten fahren!" Sein Blick fällt auf die Milchpackung. Dort steht: *Diese Milch kommt von glücklichen Kühen. Seit Jahren werden es immer mehr! Vor zehn Jahren kam diese Milch von gerade einmal 1 493 Kühen. Inzwischen sind es 5 607 Kühe mehr!* Wie viele Kühe sind das insgesamt?
310	„… 310 Folien!" Julian lacht: „So viel Platz hätte ich gar nicht in meinem Zimmer." Auf dem Weg zum Rodelberg laufen die beiden Jungs an einem kleinen Wald vorbei. „Schau mal, das Schild ist neu." Am Wegrand steht ein großes Schild. Julian liest vor: „Hier wachsen bald neue Bäume. Zu den 3 592 Bäumen werden in den kommenden fünf Jahren noch 2 859 weitere gepflanzt." Wie viele Bäume stehen dann in dem Wald?
846	Julian ist sofort dabei. „Klar komme ich mit Schlitten fahren! Warte ich komme runter." Kurze Zeit später sind die beiden auf dem Weg zum Eselsberg. Der Schnee knarzt unter den Schuhen. „Ich habe neue Sammelkarten bekommen", berichtet Julian. „Oh cool! Wie viele hast du jetzt?", fragt Mohamed. „80 Stück. Aber ich habe von einem Mann gelesen, der insgesamt 2 480 Karten hat! Kannst du dir das vorstellen?" Mohamed ist beeindruckt: „Wie viele Folien er da wohl braucht, um die Karten aufzubewahren? In eine Sammelfolie passen immer acht Karten. Das sind dann …
1 936	„Das reicht auf jeden Fall, um auch noch die Küche zu renovieren." Mohamed stellt seine leere Tasse ab und fragt: „Mama, spielen wir etwas zusammen?" Mohameds Mutter nickt: „Gern, aber vorher möchte ich noch sehen, ob deine Mathehausaufgaben fertig sind." Mohamed läuft schnell in sein Zimmer. Die Hausaufgaben sind fast fertig. Es fehlt nur noch eine Additionsaufgabe: 1 405 1 960 3 053

Ein Tag im Schnee – Lesespurgeschichte (2)

1963	Ups, Zahlendreher. Schau noch einmal genau hin.
4385	„Gut, dass wir mit der Bahn fahren. Laufen würde ewig dauern!" Die Jungs sind mittlerweile beim Rodelberg angekommen. Julian schnauft ein bisschen. Der Hügel ist ganz schön steil! Oben angekommen warten die beiden nicht lange. Immer wieder rodeln sie den Berg hinunter und laufen wieder hoch. „Wer am schnellsten unten ist!", ruft Julian. Mit viel Anlauf geht es los. Da kommt ein kleiner Schneehügel, dem Mohamed nicht mehr rechtzeitig ausweichen kann. Der Schlitten kippt um und er rutscht ein paar Meter ohne Schlitten weiter. „Alles in Ordnung?", ruft Julian ihm zu. Mohamed steht auf und klopft sich lachend den Schnee ab. „Ja, alles okay. Den habe ich nicht kommen sehen." Da fällt ihm ein zerknitterter Zettel auf. „Was ist das denn?" $$8544 : \qquad = 534$$ Die eine Zahl auf dem Zettel ist vom nassen Schnee verwischt und nicht mehr zu erkennen. Bekommst du sie heraus?
6451	Julian strahlt: „Das sind ganz schön viele Bäume! Einen Wald gibt es übrigens auch bei der Jugendherberge, zu der wir im Frühling auf Klassenfahrt hinfahren. Ich freue mich schon total! Hoffentlich dürfen wir zusammen in ein Zimmer." Mohamed grinst: „Dann können wir die ganze Nacht wach bleiben. Hast du schon einmal darüber nachgedacht, wie viel die Klassenfahrt insgesamt kostet? Also für die ganze Klasse?" Julian schüttelt den Kopf. „Nein, ich finde schon 436 € pro Nase hört sich viel an. Überleg mal, wir sind 21 Kinder in der Klasse!" Die beiden Jungs bleiben stehen und überlegen zusammen.
7100	Mohameds Mutter schaut aus dem Fenster. „Zieh dich warm an bevor du raus gehst." Das lässt sich Mohamed nicht zweimal sagen. Die dicken Wintersachen sind ruckzuck angezogen. Los geht's! Mohamed schnappt sich seinen Schlitten und macht sich auf den Weg zu seinem besten Freund Julian. Er wohnt gleich um die Ecke, deswegen holt Mohamed Julian auch jeden Morgen auf dem Weg zur Schule ab. Bis zur Schule sind es 4485 m. Bis zu Julian sind es 3639 m weniger. Wie weit wohnen Mohamed und Julian auseinander?
7129	Ups, Zahlendreher. Schau noch einmal genau hin.
7192	„Bis Morgen!", ruft Julian Mohamed zu. „Bis Morgen!" Mohamed freut sich auf die warme Wohnung. Zum Aufwärmen gibt es eine heiße Schokolade. Das ist super! Während Mohamed die heiße Schokolade trinkt, unterhalten sich seine Eltern: „Wie viel haben wir denn noch für die Renovierung der Wohnung übrig? 9646 € hatten wir am Anfang. Die Renovierung vom Badezimmer hat 5723 € gekostet, das Wohnzimmer 1987 €."
8378	„Das sieht gut aus." Mohameds Mutter macht ein zufriedenes Gesicht. „Dann kann es mit dem Spieleabend losgehen." Super, du hast die Lesespur geschafft! Schaue dir die Linien auf der Karte genau an. Ergänze noch einen letzten Strich und du kannst ein Tier erkennen.
9156	„Das ist richtig viel Geld! Auf die Bahnfahrt freue ich mich auch schon. Wie weit fahren wir nochmal?", fragt Mohamed. „Frau Fuchs meinte, dass die Bahn bis nach Hamburg durchfährt. Von unserer Haltestelle aus sind das 7679 m. Aber wir müssen nicht bis nach Hamburg, sondern steigen 3294 m vorher aus." Wie viel Meter fährt die Klasse mit der Bahn?

Ein Tag im Schnee – Lesespurgeschichte (2)

Meine Lesespur:

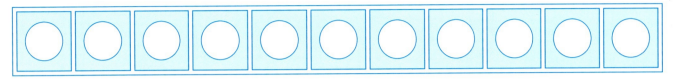

Die Linien ergeben die Form von einem _____ .

Knobelaufgabe für Profis:

Bilde mit den folgenden Kästchen vier logische Aufgaben und schreibe sie ordentlich auf. Beachte:

- Du brauchst jedes Kästchen einmal.
- Es bleibt kein Kästchen übrig.

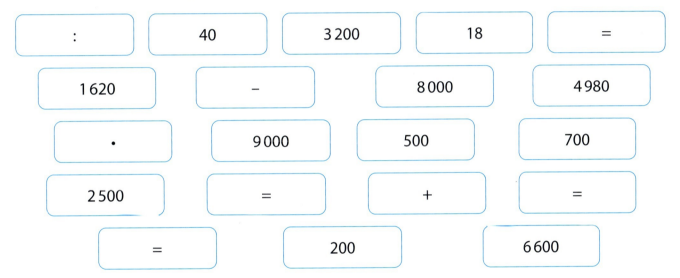

～ Ein Tag im Schnee – Lösung (1+2) ～

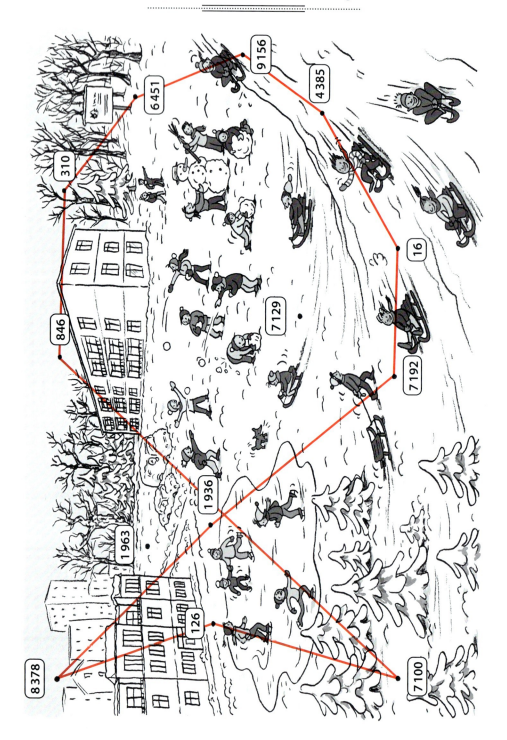

Meine Lesespur:

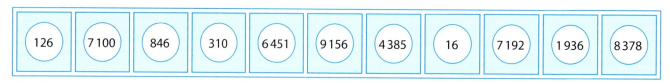

| 126 | 7 100 | 846 | 310 | 6 451 | 9 156 | 4 385 | 16 | 7 192 | 1 936 | 8 378 |

Die Linien ergeben die Form von einem Fisch.
Knobelaufgabe für Profis:

$3\,200 - 700 = 2\,500$

$4\,980 + 1\,620 = 6\,600$

$8\,000 : 40 = 200$

$500 \cdot 18 = 9\,000$

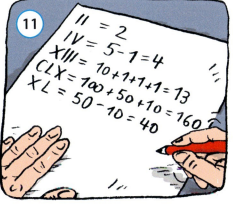

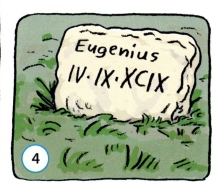

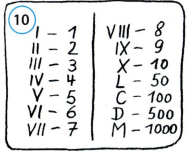

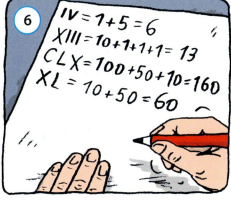

Die Reise nach Rom – Lesespurgeschichte (1)

Hinweise:
Schreibe die römische Zahl oder die Rechnung auf.
„Übersetze" die römische Zahl oder die Rechnung in natürliche Zahlen.
Bild 10 auf der Lesespurlandkarte kann dir dabei helfen.

Marius blättert mit Opa Karl durch dessen Fotoalbum. „Ach ja, die Reise nach Rom! Das war wirklich schön", schwärmt Opa Karl. Marius schaut sich ein Foto an, auf dem sein Opa vor einem großen, alten Gebäude steht. „Was ist das Opa?" Marius zeigt auf ein paar Buchstaben oben am Gebäude. „Das ist das Jahr, in dem das Gebäude gebaut wurde." Marius protestiert: „Aber das sind doch Buchstaben!" Opa Karl lacht und antwortet: „Die Römer haben in der Antike mit Buchstaben gerechnet. **I steht für eine 1, V für eine 5 und das X steht für die Zahl 10.**" Marius Blick fällt auf Opa Karls Armbanduhr. „Da sind ja auch römische Zahlen!" Er schaut sich die Uhr genauer an. „Aber Opa, hier stimmt etwas nicht."

2	„Claudius war Imperator XXVII, also der 27.." Opa nickt. „Und schau mal hier", er zeigt Marius das Foto von einem sehr alten Grabstein, „dieser Mann wurde am gleichen Tag geboren wie ich. Nur das Geburtsjahr ist natürlich anders: **04.09.99.**" Marius ist beeindruckt. Über welchen Grabstein unterhalten sich Marius und sein Opa?
3	„Die Drei sieht komisch aus?" Opa Karl schaut genau hin. „Nein, mit der Drei ist alles in Ordnung." Schau dir die Uhr genauer an.
4	„Eugenius hatte also am gleichen Tag Geburtstag wie du!" Opa Karl nickt. „Ja. Und ist es nicht beeindruckend, wie viele Jahre zwischen unseren Geburten liegen?" Er schreibt auf und Marius beginnt zu rechnen: **MCMLX – XCIX =**
6	Schau noch einmal genau nach. Diese Rechnungen passen nicht zu den Regeln, die Opa Karl genannt hat. Hier geht es nicht weiter.
7	„Die Uhr ist schon etwas älter. Bei der Sieben ist ein I verlorengegangen. Aber mir gefällt die Uhr so gut." Opa Karl zuckt mit den Schultern. Dann erklärt er: „Man kann sogar mit römischen Zahlen rechnen. Allerdings muss man dabei ein paar Regeln beachten. Es gibt drei Regeln, die man sich merken muss." 1) I, X und C dürfen nur dreimal in einer Zahl vorkommen. 2) V, L und D dürfen nur einmal in einer Zahl vorkommen. 3) Wenn I, X oder C vor einem Zeichen mit größerem Wert steht, wird subtrahiert." (Die Regeln findest du auch auf der Lesespurlandkarte Bild ①). „Die Regeln hören sich logisch an. Aber es ist schwer sich das zu merken", seufzt Marius. Opa lächelt: „Ich zeig dir mal was. Wenn man es geschrieben sieht, ist es gar nicht mehr so kompliziert. Opa holt einen Zettel und einen Stift. „Schau mal, hier sind ein paar passende Beispiele zu den drei Regeln." Schau bei den Bildern ⑪ und ⑥. Auf welchem Bild ist kein Fehler in der Rechnung?
8	Domitian war Imperator XXII, also der 22.. Schau noch einmal genau nach.
9	Das Datum auf dieser CD passt nicht. Such weiter.

Die Reise nach Rom – Lesespurgeschichte (1)

11	„Jetzt habe ich verstanden, wie man die römischen Zahlen liest. Aber komisch sehen die Rechnungen schon aus. Darf ich auch mal?" Opa Karl gibt Marius Zettel und Stift. Konzentriert schreibt Marius: **V + XII =**
12	„Philippus hatte also am gleichen Tag Geburtstag wie du!" Opa Karl schüttelt den Kopf: „Nein, das stimmt nicht." Schau noch einmal genau nach dem Datum.
13	„1 861 Jahre!" Opa Karl nickt. Dann überlegt er kurz und holt eine seiner CDs aus dem Regal. „Schau mal hier, dieser Band gefallen römische Zahlen so gut, dass sie das Erscheinungsdatum ihres neuen Albums in römischen Ziffern aufgeschrieben hat." Marius liest: **XII•IV•MMXI** Such die passende CD.
17	Opa Karl nimmt den Stift von Marius und schreibt die Lösung hinter die Rechnung: XVII. Dann nimmt er das Fotoalbum wieder auf seinen Schoß. „Beeindruckt haben mich auch die römischen Kaiser. Diese trugen im alten Rom den Titel Imperator. Wusstest du, dass im alten Rom die Amtsinhaber durchnummeriert wurden? Hier siehst du den 27. Imperator."
18	Hier bist du nicht richtig. Lies dir den vorangegangenen Textabschnitt noch einmal genau durch und suche die richtige Rechnung.
24	Das ist die richtige CD. Super, du hast die Lesespur erfolgreich beendet!
33	„2 003 Jahre liegen zwischen euch." Opa Karl lacht: „Das passt nicht ganz. Dafür hätte ich später geboren werden müssen. Rechne noch einmal nach."

Meine Lesespur:

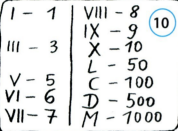

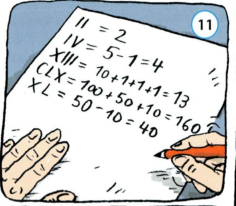

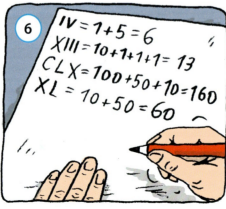

Die Reise nach Rom – Lesespurgeschichte (2)

Hinweise:
Schreibe die römische Zahl oder die Rechnung auf.
„Übersetze" die römische Zahl oder die Rechnung in natürliche Zahlen.

Marius blättert mit Opa Karl durch dessen Fotoalbum. „Ach ja, die Reise nach Rom! Das war wirklich schön", schwärmt Opa Karl. Marius schaut sich ein Foto an, auf dem sein Opa vor einem großen, alten Gebäude steht. „Was ist das Opa?" Marius zeigt auf ein paar Buchstaben oben am Gebäude. „Das ist das Jahr, in dem das Gebäude gebaut wurde." Marius protestiert: „Aber das sind doch Buchstaben!" Opa Karl lacht und antwortet: „Die Römer haben in der Antike mit Buchstaben gerechnet. I steht für eine 1, V für eine 5 und das X steht für die Zahl …

1	„Die Regeln hören sich logisch an. Aber es ist schwer sich das zu merken", seufzt Marius. Opa lächelt: „Ich zeig dir mal ein paar Beispiele. Wenn man es geschrieben sieht, ist es gar nicht mehr so kompliziert. Opa holt einen Zettel und einen Stift. „Schau mal, hier sind ein paar Beispiele zu den drei Regeln, die ich dir genannt habe." Schau bei den Bildern ⑪ und ⑥. Auf welchem Bild ist kein Fehler in der Rechnung?
2	„Claudius war Imperator XXVII, also der 27." Opa nickt. „Und schau mal hier", er zeigt Marius das Foto von einem sehr alten Grabstein, „dieser Mann wurde am gleichen Tag geboren wie ich. Nur das Geburtsjahr ist natürlich anders: **04.09.99.**" Marius ist beeindruckt. Über welchen Grabstein unterhalten sich Marius und sein Opa?
3	„Die Drei sieht komisch aus?" Opa Karl schaut genau hin. „Nein, mit der Drei ist alles in Ordnung." Schau dir die Uhr genauer an.
4	„Eugenius hatte also am gleichen Tag Geburtstag wie du!" Opa Karl nickt. „Ja. Und ist es nicht beeindruckend, wie viele Jahre zwischen unseren Geburten liegen?" Er schreibt auf und Marius beginnt zu rechnen: MCMLX – XCIX =
6	Schau noch einmal genau nach. Diese Rechnungen passen nicht zu den Regeln, die Opa Karl genannt hat. Hier geht es nicht weiter.
7	„Ja die Uhr ist schon etwas älter. Bei der Sieben ist ein I verlorengegangen. Aber mir gefällt die Uhr so gut." Opa Karl zuckt mit den Schultern. Dann erklärt er: „Man kann sogar mit römischen Zahlen rechnen. Allerdings muss man dabei ein paar Regeln beachten. Es gibt drei Regeln, die man sich merken muss …" Suche die passenden drei Regeln auf der Lesespurlandkarte.
8	Domitian war „Imperator XXII", also der 22.. Schau noch einmal genau nach.
9	Das Datum auf dieser CD passt nicht. Such weiter.
10	… 10." Marius Blick fällt auf Opa Karls Armbanduhr. „Da sind ja auch römische Zahlen!" Er schaut sich die Uhr genauer an. „Aber Opa, hier stimmt etwas nicht."
11	„Stimmt. Jetzt habe ich verstanden, wie man die römischen Zahlen liest." Marius überlegt laut: „Aber komisch sehen die Rechnungen schon aus. Darf ich auch mal?" Opa Karl gibt ihm Zettel und Stift. Konzentriert schreibt Marius: **V + XII =**

12	„Philippus hatte also am gleichen Tag Geburtstag wie du!" Opa Karl schüttelt den Kopf: „Nein, das stimmt nicht." Schau nochmal genau nach dem Datum.
13	„1861 Jahre! Das kann ich mir gar nicht richtig vorstellen." Opa Karl nickt und meint: „Das ist auch sehr schwer vorstellbar." Dann überlegt er kurz und holt eine seiner CDs aus dem Regal. „Schau mal hier, dieser Band gefallen römische Zahlen so gut, dass sie das Erscheinungsdatum ihres neuen Albums in römischen Ziffern aufgeschrieben hat." Marius liest: **XII • IV • MMXI** Such die passende CD.
15	Diese Regeln sind nicht richtig. Lies noch einmal genau nach.
17	Opa Karl nimmt den Stift von Marius und schreibt die Lösung hinter die Rechnung: **XVII**. „Jetzt wird es schwieriger", zwinkert Opa Karl Marius zu und schreibt eine Aufgabe auf einen gelben Zettel. Marius beginnt zu rechnen.
18	Hier bist du nicht richtig.
24	Das ist die richtige CD. Super, du hast die Lesespur erfolgreich beendet! Löse jetzt noch die Aufgaben für Profis.
33	„2003 Jahre liegen zwischen euch?" Opa Karl lacht: „Das passt nicht ganz. Dafür hätte ich später geboren werden müssen. Rechne noch einmal.
40	„Sehr gut, 40 ist das richtige Ergebnis." Opa Karl klopft Marius auf die Schulter. „Jetzt lass uns die Fotos von meiner Romreise weiter angucken." Er nimmt das Fotoalbum wieder auf seinen Schoß. „Beeindruckt haben mich auch die römischen Kaiser. Diese trugen im alten Rom den Titel Imperator. Wusstest du, dass im alten Rom die Amtsinhaber durchnummeriert wurden? Hier siehst du den 27. Imperator."
42	Hier bist du nicht richtig. Lies noch einmal genau nach.

Meine Lesespur:

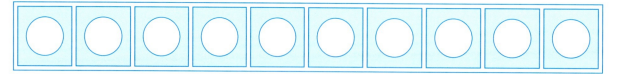

Die Reise nach Rom – Lesespurgeschichte (2)

Aufgaben für Profis:

1. Schreibe das aktuelle Jahr in römischen Zahlen auf.

2. Schreibe dein Geburtsdatum in römischen Zahlen auf.

3. **Löse die Logikrätsel.**

   a) Lege ein Streichholz so um, dass in römischen Zahlen die Zahl 2 entsteht:

   b) Lege die Streichhölzer so um, dass in römischen Zahlen die Zahl 500 entsteht:

   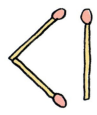

   c) Lege ein Streichholz so um, dass die Rechnung stimmt:

   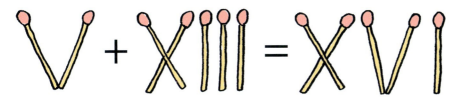

   d) Lege ein Streichholz so um, dass die Rechnung stimmt:

Meine Lesespur:

| 7 | 11 | 17 | 2 | 4 | 13 | 24 |

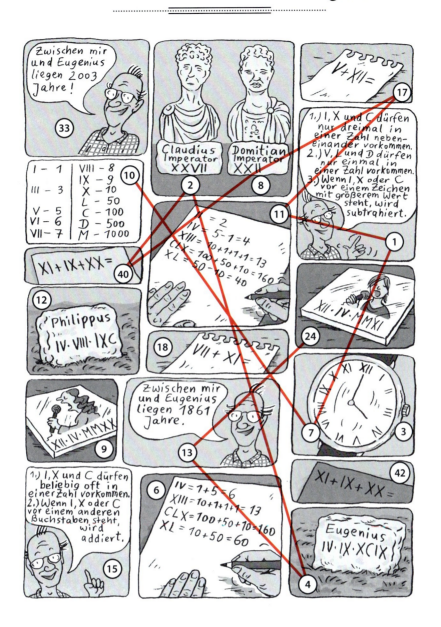

Meine Lesespur:

Aufgaben für Profis:

1. abhängig vom aktuellen Jahr

2. Lösung individuell

3.

Das magische Labyrinth – Lesespurgeschichte (1)

Max, Leon und Lena haben sich heute Nacht heimlich zu einer Nachtwanderung im Wald verabredet. Leise flüsternd laufen sie den Weg entlang und leuchten mit ihren Taschenlampen nach rechts und links in den Wald hinein. Ganz schön unheimlich.

Plötzlich stehen sie vor einem hell leuchtenden Torbogen, der scheinbar aus dem Nichts vor ihnen aufgetaucht ist. Neugierig treten die drei Freunde hindurch …

Wenn du wissen willst, was Max, Leo und Lena auf der anderen Seite des Torbogens erwartet, beginne mit dem Lesen bei **1**.

1 Die drei stehen vor einem Labyrinth. Hinter ihnen schließt sich das Tor, durch das sie gerade gekommen sind. Eine Stimme spricht von irgendwoher zu den Kindern: „Willkommen, ich bin der Wächter des magischen Labyrinths der geometrischen Körper. Um aus diesem Labyrinth zu entkommen, müsst ihr den richtigen Weg finden und alle Rätsel richtig lösen. Die drei laufen unsicher ein paar Schritte in das Labyrinth hinein. Auf einmal versperren ihnen zwei geometrische Körper den Weg. Die Stimme ertönt: „Welcher der beiden Körper kann **rollen**, **Zylinder** oder **Quader**?"

2 Hier bist du falsch. Schließe deine Augen und stell dir die Körper erneut vor.

3 Lena kniet sich auf den Boden und fährt mit ihrem Finger langsam die Linien der drei Netze ab. Dann schaut sie auf und grinst: „Das hier kann nicht das Netz eines Würfels sein. Hier sind nicht alle Flächen quadratisch."

„Wo kommt die denn her?", Leon deutet geradeaus. Dort befindet sich eine kleine schmale Tür. Die drei Kinder schauen sich die Tür genauer an. „Ich habe was gefunden!" Max zeigt den anderen eine kleine Papierrolle. Vorsichtig rollt er sie auf und liest vor: „Bei welchem Körper **stimmt die Anzahl der Ecken mit der Anzahl der Kanten überein?** Bei einem **Würfel** (2) oder bei einem **Kegel** (20)?"

4 Die Eule dreht ihren Kopf und schaut in den nächsten Gang. „Ich glaube wir müssen da lang." Lena folgt dem Blick der Eule.

Max geht voran. Der Weg gabelt sich erneut. Den Kindern stehen zwei riesige geometrische Körper im Weg. Die Stimme spricht: „Welcher Körper hat keine Kanten? Der **Kegel** (16) oder die **Kugel** (10)?"

5 Leon antwortet: „Würfel und Quader haben die gleiche Anzahl an Ecken, Kanten und Flächen. Das weiß doch jeder!" Es gibt einen riesigen Knall. Die Kinder drehen sich vor Schreck weg und schließen die Augen. Als sie wieder zum Stein schauen, ist dieser verschwunden. Nur noch ein Haufen Staub liegt auf dem Boden.

Die drei laufen weiter. „Was ist das?" Max zeigt auf den Weg. Es sieht so aus, als hätte dort jemand etwas hingemalt. „Welches der Netze ist **kein Netz eines Würfels**?", fragt die Stimme.

6

Leon denkt laut: „Es muss der Zylinder sein. Er hat eine runde Grundfläche. Deswegen kann er gut rollen." Kaum hat Leon das Wort Zylinder ausgesprochen, rollt der Zylinder zur Seite und gibt den Weg frei.

Gemeinsam laufen die Kinder weiter. Als sie um die nächste Ecke biegen, erscheint auf dem Boden eine Schrift. Max liest laut vor: „Welcher Körper hat **mehr Kanten, Dreiecksprisma** (7) oder **Pyramide** (11)?"

7

Lena grübelt: „Also ich habe jetzt dreimal nachgezählt. Ein Dreiecksprisma hat genau eine Kante mehr als eine Pyramide." „Sehr gut!", ertönt die Stimme.

Der Weg ist frei. Aber die drei kommen nicht weit. Sie stehen an einer Kreuzung. „Ihr müsst das nächste Rätsel lösen, dann sage ich euch, wo es weitergeht", dröhnt die Stimme. „Welcher Körper hat **mehr dreieckige Flächen als viereckige?** Eine quadratische **Pyramide** (18) oder ein **Dreiecksprisma** (13)?"

8

Die Stimme lacht schallend: „Nur weiter so, dann kommt ihr nie hier raus! Der Quader hat zu viele Kanten und Ecken und kann deshalb nicht rollen."

Denk noch einmal nach.

9

Leider falsch. Schließe deine Augen und stell dir die Körper erneut vor.

10

„Die Kugel ist der einzige Körper ohne eine Kante!", ruft Leon. „Ähm Leute, ich glaube die Kugel bewegt sich!" Lenas Stimme klingt etwas panisch. Max kneift die Augen zusammen und schaut die Kugel an. „Du hast recht. Und sie kommt direkt auf uns zu!" Die Kugel rollt auf die drei Kinder zu, schneller und schneller. Sie springen zur Seite und drücken sich gegen die Wand des Labyrinths. Das war knapp.

Erneut meldet sich die Stimme: „Welcher Körper hat **nur eine Ecke**? Der **Zylinder** (19), der **Kegel** (14) oder die **Pyramide** (9)?"

11

Hier bist du nicht richtig. Schließe deine Augen und zähle erneut die Kanten.

12

Leider nicht richtig. Wenn man das Netz zusammenfaltet, ergibt es einen Würfel.

13

Leider nicht richtig. Du musst die Körper einzeln betrachten.

14

Max überlegt: „Wenn ich mich richtig erinnere, hat der Kegel genau eine Ecke." „Richtig", antwortet die Stimme. „Die Ecke wird auch als Spitze bezeichnet." Und mit einem lauten Knall löst sich der Kegel in Luft auf.

Leon hat Schweißperlen auf der Stirn und Max muss einmal ganz laut durchatmen. Mit zitternden Knien gehen die drei Kinder den jetzt freien Weg entlang. Sie kommen zu drei Türen. Auf einem Schild steht: Welcher Körper hat **die wenigsten Flächen?** Ein **Zylinder** (2), ein **Kegel** (9) oder eine **Kugel** (17)?

15

„Was sagst du da?", brüllt der Stein und es fliegen kleine Steinchen aus seinem Mund. Zähle erneut alle Flächen, Ecken und Kanten. Als Tipp: Skizziere dir die Körper und schreibe die Anzahl der Flächen, Ecken und Kanten nach dem Zählen auf.

16

Leider falsch. Der Umriss der Grundfläche ist die Kante des Kegels.

| 17 | Vorsichtig drückt Lena die Klinke von der Tür mit der Kugel nach unten. Knarrend öffnet sich die Tür. Aber anstatt weiterzugehen setzt sich Leon auf den Boden. „Ich kann nicht mehr. Ich möchte einfach nur nach Hause." Max und Lena greifen ihm unter die Arme und ziehen ihn hoch. „Komm, wir schaffen das! Zusammen sind wir unschlagbar!", sagt Lena aufmunternd.

Nach ein paar Metern stehen sie vor einem großen Stein. Krachend öffnet sich ein Mund und spricht: „Welche **zwei** Körper haben **die gleiche Anzahl an Ecken, Kanten und Flächen**? **Dreiecksprisma** und **Pyramide** (15) oder **Quader** und **Würfel** (5)?" |
| --- | --- |
| 18 | Diesmal weiß Max die richtige Antwort. Aber es passiert nichts. Lena traut sich und ruft: „Wo ist der versprochene Hinweis? Wo müssen wir lang?" In dem Moment fliegt über die Köpfe der Kinder **eine Eule** hinweg. Die drei überlegen nicht lange und laufen ihr hinterher. Plötzlich landet die Eule **auf einem Stein**. |
| 19 | Dies ist leider die falsche Spur. |
| 20 | „Bei einem Kegel!", rufen all drei Kinder gleichzeitig. „Richtig, damit habt ihr das letzte Rätsel gelöst. Es hat wirklich Spaß gemacht euch beim Rätseln zuzuschauen", sagt die Stimme. Ein Schlüssel fällt hinter Leon, Lena und Max auf den Boden. Lena probiert ihn an der Tür aus. Er passt! Sie gehen nacheinander durch die Tür und stehen wieder im Wald. Sie rennen los, so schnell es geht nach Hause. Max ruft den anderen zu: „Ich habe erst einmal genug von Nachtwanderungen." |

Meine Lesespur:

1	◯	◯	◯	◯	◯	◯	◯	◯	◯	◯	◯

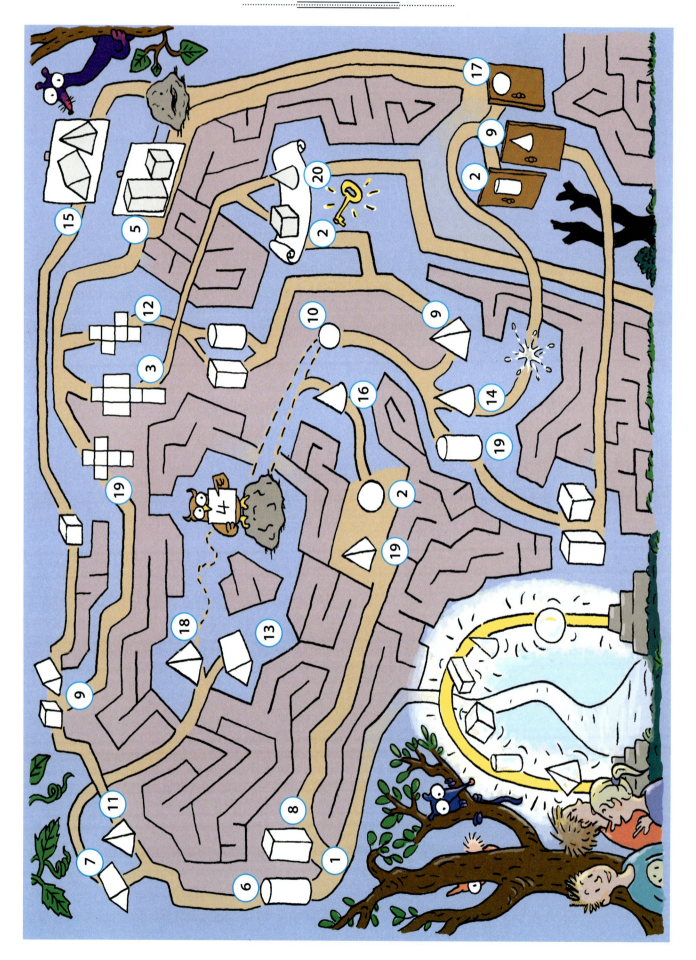

Das magische Labyrinth – Lesespurgeschichte (2)

Max, Leon und Lena haben sich heute Nacht heimlich zu einer Nachtwanderung im Wald verabredet. Aufgeregt flüsternd laufen sie den Weg entlang und leuchten mit ihren Taschenlampen nach rechts und links in den Wald hinein. Plötzlich stehen sie vor einem hell leuchtenden Torbogen, der scheinbar aus dem Nichts vor ihnen aufgetaucht ist. Neugierig treten die drei Freunde hindurch.

Wenn du wissen willst, was Max, Leon und Lena auf der anderen Seite des Torbogens erwartet, beginne mit dem Lesen bei **1**.

1	Die drei stehen vor einem Labyrinth. Hinter ihnen schließt sich das Tor, durch das sie gerade gekommen sind. Eine Stimme spricht von irgendwoher zu den Kindern: „Willkommen, ich bin der Wächter des magischen Labyrinths der geometrischen Körper. Um aus diesem Labyrinth zu entkommen, müsst ihr den richtigen Weg finden und alle Rätsel richtig lösen. Die drei laufen unsicher ein paar Schritte in das Labyrinth hinein. Auf einmal versperren ihnen zwei geometrische Körper den Weg. Die Stimme ertönt: „Welcher der beiden Körper kann rollen, Zylinder oder Quader?"
2	Hier bist du falsch. Schließe deine Augen und stell dir die Körper erneut vor.
3	Lena kniet sich auf den Boden und fährt mit ihrem Finger langsam die Linien der drei Netze ab. Dann schaut sie auf du grinst: „Das hier kann nicht das Netz eines Würfels sein. Hier sind nicht alle Flächen quadratisch." „Was für ein schlaues Mädchen du bist", gluckst die Stimme. \n\n „Wo kommt die denn her?" Leon deutet geradeaus. Dort befindet sich eine kleine schmale Tür. Die drei Kinder schauen sich die Tür genauer an. „Ich habe was gefunden!" Max zeigt den anderen eine kleine Papierrolle. Vorsichtig rollt er sie auf und liest vor: „Bei welchem Körper stimmt die Anzahl der Ecken mit der Anzahl der Kanten überein?"
4	Die Eule dreht ihren Kopf und schaut in den nächsten Gang. „Ich glaube wir müssen da lang." Lena folgt dem Blick der Eule. Max geht voran. Der Weg gabelt sich erneut. Den Kindern stehen zwei riesige geometrische Körper im Weg. Die Stimme spricht: „Welcher Körper hat keine Kanten, Kegel oder Kugel?"
5	Leons Verzweiflung ist Trotz gewichen. Wütend ruft er: „Würfel und Quader haben die gleiche Anzahl an Ecken, Kanten und Flächen. Das weiß doch jeder!" Es gibt einen riesigen Knall. Die Kinder drehen sich vor Schreck weg und schließen die Augen. Als sie wieder zum Stein schauen, ist dieser verschwunden. Nur noch ein Haufen Staub liegt auf dem Boden. „Sehr gut, ihr habt es fast geschafft!", ertönt die Stimme. Die drei Kinder laufen weiter. \n\n „Was ist das?" Max zeigt auf den Weg. Es sieht so aus, als hätte dort jemand etwas hingemalt. „Welches ist kein Netz eines Würfels?", fragt die Stimme.
6	Lena schaut die beiden Jungs an und meint: „Ich kann gerade gar nicht denken. Das hier ist ganz schön gruselig!" Leon nickt. „Da hast du Recht, aber es muss der Zylinder sein. Er hat eine runde Grundfläche. Deswegen kann er gut rollen." Kaum hat Leon das Wort Zylinder ausgesprochen, rollt der Zylinder zur Seite und gibt den Weg frei. Gemeinsam laufen die Kinder weiter. Als sie um die nächste Ecke biegen, schreit Leon kurz auf und springt zurück. Auf dem Boden erscheint eine leuchtende Schrift. Max liest laut vor: „Welcher Körper hat mehr Kanten, Dreiecksprisma oder Pyramide?"
7	Lena grübelt: „Also ich habe jetzt dreimal nachgezählt. Ein Dreiecksprisma hat genau eine Kante mehr als eine Pyramide." „Sehr gut!", ertönt die Stimme. \n\n Der Weg ist frei. Aber die drei kommen nicht weit. Sie stehen an einer Kreuzung. „Ihr müsst das nächste Rätsel lösen, dann sage ich euch, wo es weitergeht", dröhnt die Stimme. „Welcher Körper hat mehr dreieckige Flächen als viereckige? Eine quadratische Pyramide oder ein Dreiecksprisma?"

8 Die Stimme lacht schallend: „Nur weiter so, dann kommt ihr nie hier raus! Der Quader hat zu viele Kanten und Ecken und kann deshalb nicht rollen."

9 Leider falsch. Schließe deine Augen und stell dir die Körper erneut vor.

10 „Das ist leicht. Die Kugel ist der einzige Körper ohne eine Kante!", ruft Leon. Für einen Moment hat er vergessen wie unwohl er sich fühlt. „Ähm Leute, ich glaube die Kugel bewegt sich!" Lenas Stimme klingt etwas panisch. Max kneift die Augen zusammen und schaut die Kugel an. „Du hast recht. Und sie kommt direkt auf uns zu!" Die Kugel rollt auf die drei Kinder zu, schneller und schneller. Sie springen zur Seite und drücken sich gegen die Wand des Labyrinths. Das war knapp.

Erneut meldet sich die Stimme: „Welcher Körper hat nur eine Ecke? Der Zylinder, der Kegel oder die Pyramide?"

11 Hier bist du nicht richtig. Schließe deine Augen und zähle erneut die Kanten.

12 Leider nicht richtig. Wenn man das Netz zusammenfaltet, ergibt es einen Würfel.

13 Leider nicht richtig. Du musst die Körper einzeln betrachten.

14 Max überlegt: „Wenn ich mich richtig erinnere, hat der Kegel genau eine Ecke." „Richtig", antwortet die Stimme. „Die Ecke wird auch als Spitze bezeichnet." Und mit einem lauten Knall löst sich der Kegel in Luft auf.

Leon hat Schweißperlen auf der Stirn und Max muss einmal ganz laut durchatmen. Mit zitternden Knien gehen die drei Kinder den jetzt freien Weg entlang. Sie kommen zu drei Türen. Auf einem Schild steht: Welcher Körper hat die wenigsten Flächen?

15 „Was sagst du da?", brüllt der Stein und es fliegen kleine Steinchen aus seinem Mund. Zähle erneut alle Flächen, Ecken und Kanten. Als Tipp: Skizziere dir die Körper und schreibe die Anzahl der Flächen, Ecken und Kanten nach dem Zählen auf.

16 Leider falsch. Der Umriss der Grundfläche ist die Kante des Kegels.

17 Vorsichtig drückt Lena die Klinke von der Tür mit der Kugel nach unten. Knarrend öffnet sich die Tür. Aber anstatt weiterzugehen setzt sich Leon auf den Boden. „Ich kann nicht mehr. Ich möchte einfach nur nach Hause." Max und Lena greifen ihm unter die Arme und ziehen ihn hoch. „Komm, wir schaffen das! Zusammen sind wir unschlagbar!", sagt Lena aufmunternd. Nach ein paar Metern stehen sie vor einem großen Stein. Krachend öffnet sich ein Mund und spricht: „Welche zwei Körper haben die gleiche Anzahl an Ecken, Kanten und Flächen? Sind es Dreiecksprisma und Pyramide oder Würfel und Quader?"

18 Diesmal weiß Max die richtige Antwort. Aber es passiert nichts. Lena traut sich und ruft: „Wo ist der versprochene Hinweis? Wo müssen wir lang?" In dem Moment fliegt über die Köpfe der Kinder eine Eule hinweg. Die drei überlegen nicht lange und laufen ihr hinterher. Plötzlich landet die Eule auf einem Stein.

19 Dies ist leider die falsche Spur.

20 „Bei einem Kegel!", rufen all drei gleichzeitig. „Richtig, damit habt ihr das letzte Rätsel gelöst. Es hat wirklich Spaß gemacht euch beim Rätseln zuzuschauen", sagt die Stimme. Ein Schlüssel fällt hinter Leon, Lena und Max auf den Boden. Lena probiert ihn an der Tür aus. Er passt! Sie gehen nacheinander durch die Tür und stehen wieder im Wald. Sie rennen los, so schnell es geht nach Hause. Max ruft den anderen zu: „Ich habe erst einmal genug von Nachtwanderungen."

Meine Lesespur:

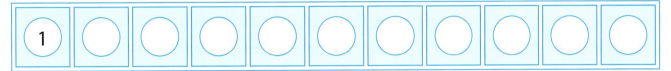

1										

～ Das magische Labyrinth – Lösung (1+2) ～

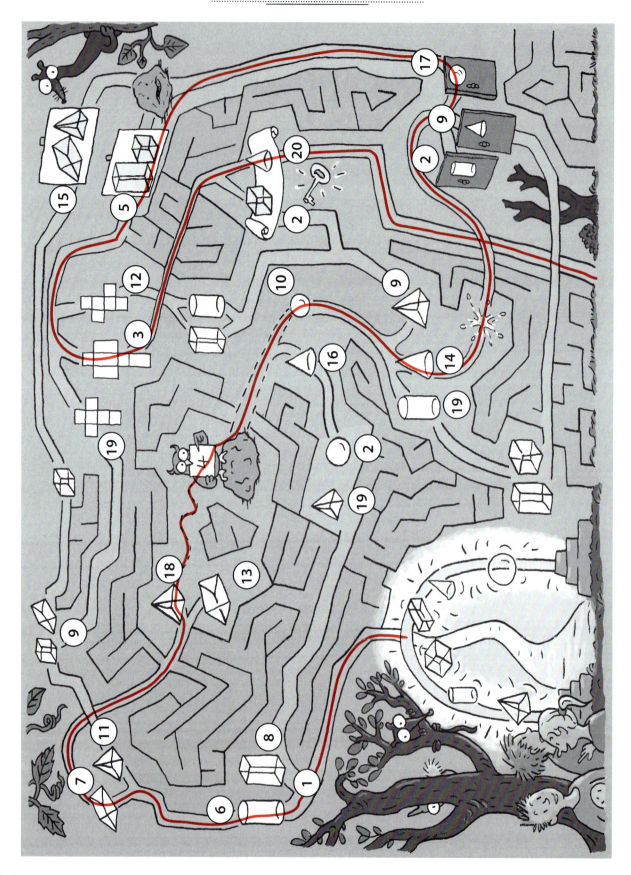

Meine Lesespur:

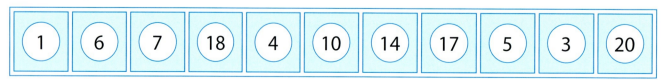

| 1 | 6 | 7 | 18 | 4 | 10 | 14 | 17 | 5 | 3 | 20 |

～ Erics Punktlandung – Lesespurgeschichte (1) ～

Eric kommt vom Einkaufen zurück nach Hause. Er hat Zutaten zum Pizza backen gekauft und noch ein paar andere Dinge. Als er alles auspackt, fragt seine Mutter verwundert: „Hast du kein Rückgeld bekommen?" Eric antwortet stolz: „Ich habe 20 € von dir bekommen. Beim Einkaufen habe ich die ganze Zeit im Kopf mitgerechnet. So haben die 20 € genau gereicht." Seine Mutter runzelt die Stirn und guckt skeptisch. Da kramt Eric den Kassenzettel heraus und berichtet: „Nach der ersten Ware hatte ich noch **19,50 € übrig**."

Was hat Eric gekauft?

> **Hinweise:**
> Schreibe dir zunächst immer die Rechnung auf.
> So geht es los mit der ersten Aufgabe: 20 € – ? = 19,50 €

1	„Nach dem Käse ist mir eingefallen, dass wir noch etwas zum Trinken brauchen. Damit es für alle reicht, habe ich **drei Getränkepackungen** mitgenommen. Natürlich die ohne Pfand. Danach hatte ich noch **6,60 €** zur Verfügung."
2	Genau, die Dose Champignons war es! Eric erzählt weiter: „Danach habe ich die Hauptzutat für den Teig geholt und hatte dann noch **18,90 €**." Seine Mutter nickt: „Bis jetzt kann ich dir gut folgen."
3	Paprika ist nicht die wichtigste Zutat für die Soße. Rechne noch einmal genau.
4	„Die Tintenpatronen waren dringend nötig. Ich konnte heute in der Schule in den letzten beiden Stunden nur noch mit Bleistift schreiben. Dann habe ich für Jans Geburtstag noch das Geschenk geholt, sodass am Ende noch **1,35 €** übrig waren."
5	Dreimal Apfelsaft kosten 3,60 €. Das passt nicht zu Erics Erzählung. Rechne erneut nach.
6	Der Comic war leider nicht mehr drin.
7	Für 4,80 € kann Eric hier nur ein Stück Käse mitnehmen. Er hat aber zwei Stücke Käse eingepackt. Du hast einen Rechenschritt vergessen.
8	„Nach dem Mehl habe ich die wichtigste Zutat für die Soße geholt. Mit **17,70 €** konnte ich dann noch ganz viel einkaufen."
9	Der Kugelschreiber kann es nicht gewesen sein. Rechne noch einmal nach.
10	Zucker braucht man nicht für Pizza.
11	„Das Kartenspiel wird Jan gefallen. Und dann durfte ich mir ja noch etwas für mich aussuchen. Das war gar nicht so einfach, weil ich ja nicht mehr so viel Geld hatte." **Was kann sich Eric ausgesucht haben?**
12	Schinken passt auch super zu Pizza, aber der Preis stimmt nicht. Rechne erneut nach.
13	„Nach den Dosentomaten ist mir noch eine Zutat eingefallen, die richtig lecker auf Pizza schmeckt. Danach waren noch **15,40 €** übrig."

14	Na klar, Salz ist richtig. Eric erzählt weiter: „Die wichtigste Zutat für Pizza durfte natürlich auch nicht fehlen – Käse! Ich habe gleich **zwei Stücke** Käse mitgenommen, damit er auf jeden Fall für die Pizza reicht. Nach dem Käse hatte ich noch **9,90 €**."
15	Pfeffer ist auch ein wichtiges Gewürz, da hast du recht. Trotzdem musst du noch einmal nachrechnen.
16	Mais schmeckt auch lecker auf Pizza, aber du musst noch einmal nachrechnen. Eric hat keinen Mais gekauft.
17	„Oh Salamipizza ist einfach super! Wann können wir anfangen zu backen?" „Gleich", antwortet Erics Mutter. „Ich verstehe immer noch nicht, warum kein Geld übrig geblieben ist." „Na gut, also nach der Salami ist mir eingefallen, dass wir ein neues Gewürz brauchen. Sonst schmeckt die Pizza nicht so gut. Das war im Angebot und ich hatte danach noch **14,70 €**.
18	Die Cap könnte Jan gefallen. Aber der Preis passt nicht zu Erics Erzählung. Rechne erneut nach.
19	„Die drei Packungen Eistee waren auf dem Nachhauseweg ganz schön schwer zu tragen", erinnert sich Eric. „Für unser Pizzaessen hatte ich jetzt alles. Deshalb habe ich dann noch für die Schule eingekauft. Ich brauchte dringend etwas zum Schreiben. Danach hatte ich noch **5,95 €**."
20	Eric strahlt, denn die neuen Fußball-Sammelkarten sind wirklich toll. Super, du hast die Lesespur geschafft!
21	Die Kaugummis konnte sich Eric nicht mehr kaufen.
22	Die Tafel Schokolade musste Eric einfach haben. Er liebt Schokolade. Super, du hast die Lesespur geschafft!

Meine Lesespur:

～ Erics Punktlandung – Lesespurgeschichte (2) ～

Eric kommt vom Einkaufen zurück nach Hause. Er hat Zutaten zum Pizza backen gekauft und noch ein paar andere Dinge. Als er alles auspackt, fragt seine Mutter verwundert: „Hast du kein Rückgeld bekommen?" Eric antwortet stolz: „Ich habe 20 € von dir bekommen. Beim Einkaufen habe ich die ganze Zeit im Kopf mitgerechnet. So haben die 20 € genau gereicht." Seine Mutter runzelt die Stirn und guckt skeptisch. Da kramt Eric den Kassenzettel heraus und berichtet: „Nach der ersten Ware hatte ich noch 19,50 € übrig."

Was hat Eric gekauft?

1	„Nach dem Käse ist mir eingefallen, dass wir noch etwas zum Trinken brauchen. Damit es für alle reicht, habe ich drei Getränkepackungen mitgenommen. Natürlich die ohne Pfand. Danach hatte ich noch 6,60 € zur Verfügung."
2	Genau, die Dose Champignons war es! Eric erzählt weiter: „Danach habe ich die Hauptzutat für den Teig geholt und hatte dann noch 18,90 €." Seine Mutter nickt: „Bis jetzt kann ich dir gut folgen."
3	Paprika ist nicht die wichtigste Zutat für die Soße. Rechne noch einmal genau.
4	„Die Tintenpatronen waren dringend nötig. Ich konnte heute in der Schule in den letzten beiden Stunden nur noch mit Bleistift schreiben. Dann habe ich für Jans Geburtstag noch das Geschenk geholt, sodass am Ende noch 1,35 € übrig waren."
5	Dreimal Apfelsaft kosten 3,60 €. Das passt nicht zu Erics Erzählung. Rechne erneut nach.
6	Der Comic war leider nicht mehr drin.
7	Für 4,80 € kann Eric hier nur ein Stück Käse mitnehmen. Er hat aber zwei Stücke Käse eingepackt. Du hast einen Rechenschritt vergessen.
8	„Nach dem Mehl habe ich die wichtigste Zutat für die Soße geholt. Mit 17,70 € konnte ich dann noch ganz viel einkaufen."
9	Der Kugelschreiber kann es nicht gewesen sein. Rechne noch einmal nach.
10	Zucker braucht man nicht für Pizza.
11	„Das Kartenspiel wird Jan gefallen. Und dann durfte ich mir ja noch etwas für mich aussuchen. Das war gar nicht so einfach, weil ich ja nicht mehr so viel Geld hatte." Was kann sich Eric ausgesucht haben?
12	Schinken passt auch super zu Pizza, aber der Preis stimmt nicht. Rechne erneut nach.
13	„Nach den Dosentomaten ist mir noch eine Zutat eingefallen, die richtig lecker auf Pizza schmeckt. Danach waren noch 15,40 € übrig."
14	Na klar, Salz ist richtig. Eric erzählt weiter: „Die wichtigste Zutat für Pizza durfte natürlich auch nicht fehlen – Käse! Ich habe gleich zwei Stücke Käse mitgenommen, damit er auf jeden Fall für die Pizza reicht. Nach dem Käse hatte ich noch 9,90 €."
15	Pfeffer ist auch ein wichtiges Gewürz, da hast du recht. Trotzdem musst du noch einmal nachrechnen.

16	Mais schmeckt auch lecker auf Pizza, aber du musst noch einmal nachrechnen. Eric hat keinen Mais gekauft.
17	„Oh Salamipizza ist einfach super! Wann können wir anfangen zu backen?" „Gleich", antwortet Erics Mutter. „Ich verstehe immer noch nicht, warum kein Geld übrig geblieben ist." „Na gut, also nach der Salami ist mir eingefallen, dass wir ein neues Gewürz brauchen. Sonst schmeckt die Pizza nicht so gut. Das war im Angebot und ich hatte noch 14,70 €."
18	Die Cap könnte Jan gefallen. Aber der Preis passt nicht zu Erics Erzählung. Rechne erneut nach.
19	„Die drei Packungen Eistee waren auf dem Nachhauseweg ganz schön schwer zu tragen", erinnert sich Eric. „Für unser Pizzaessen hatte ich jetzt alles. Deshalb habe ich dann noch für die Schule eingekauft. Ich brauchte dringend etwas zum Schreiben. Danach hatte ich noch 5,95 €."
20	Eric strahlt, denn die neuen Fußball-Sammelkarten sind wirklich toll. Super, du hast die Lesespur geschafft! Dann ist jetzt die Aufgabe für Profis auch kein Problem mehr für dich.
21	Die Kaugummis konnte sich Eric nicht mehr kaufen.
22	Die Tafel dunkle Schokolade musste Eric haben. Er liebt dunkle Schokolade. Super, du hast die Lesespur geschafft! Dann ist jetzt die Aufgabe für Profis auch kein Problem mehr für dich.

Meine Lesespur:

Aufgabe für Profis:

Eric bekommt 5 € Taschengeld. Er schaut im Geschäft schon einmal nach, was er sich dafür kaufen könnte. Notiere drei Einkaufsmöglichkeiten. Schreibe die Artikel mit Preisen sowie mögliches Restgeld auf.

～ Erics Punktlandung – Lösung (1+2) ～

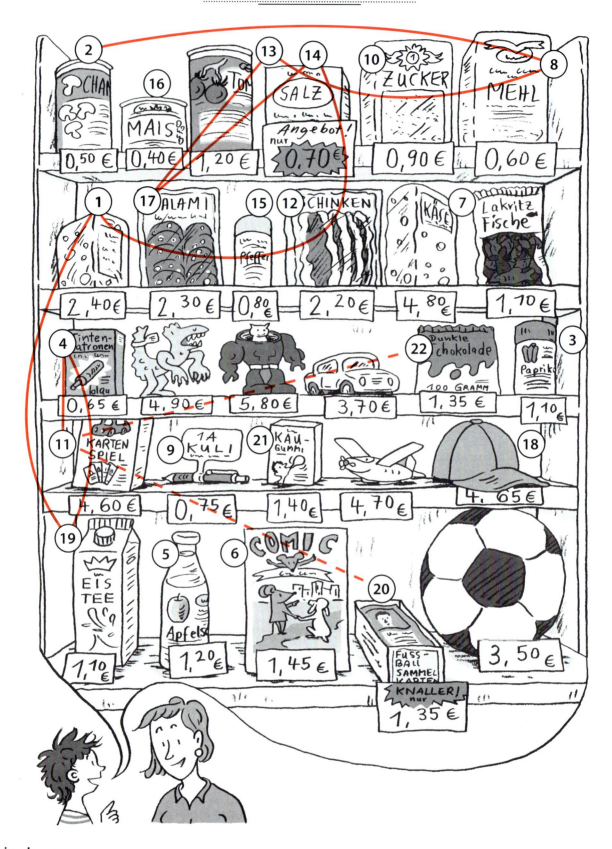

Meine Lesespur: oder

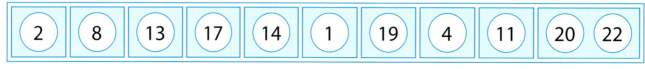

2	8	13	17	14	1	19	4	11	20	22

Aufgabe für Profis: Lösung individuell

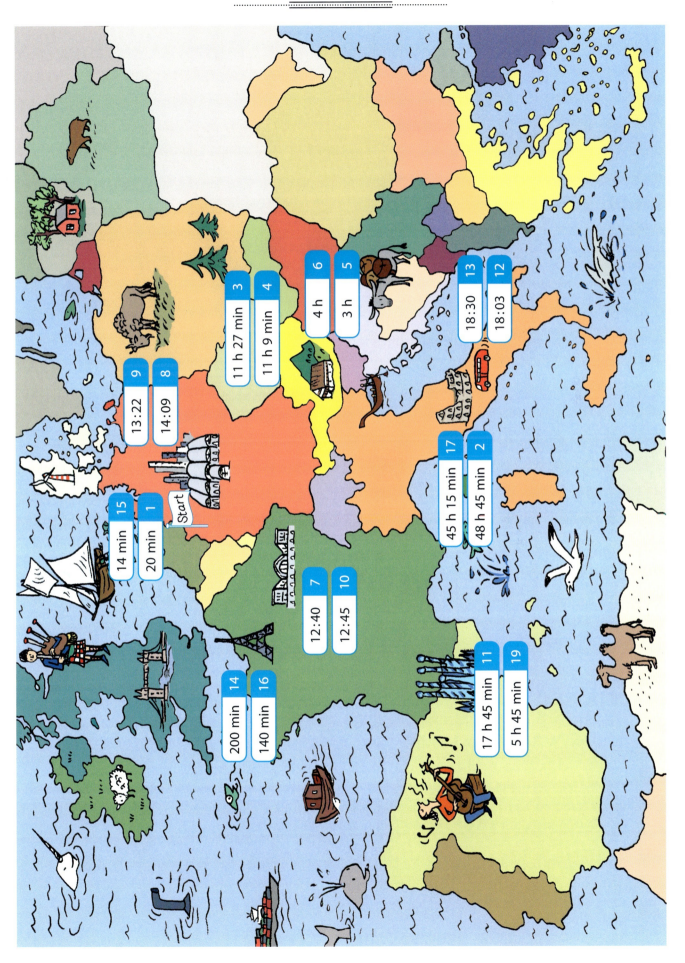

Familienurlaub durch Europa – Lesespurgeschichte (1)

Hinweise:
Rechne untereinander.
Achte auf die Einheit.

60 Minuten = 1 Stunde
24 Stunden = 1 Tag

5 h 16 min
h = Stunde   min = Minuten

Familie Mitsch fährt in den Urlaub. Wie immer ist es schwer, alle Wünsche unter einen Hut zu bringen. Frau Mitsch wollte schon immer mal nach Paris, die Kinder wollen auf jeden Fall baden und Herr Mitsch liebt das Wandern.

Los geht die Reise vom Bahnhof in Frankfurt am Main. Um 07:45 Uhr ist die Familie am Bahnhof. Laut Plan fährt der Zug um 8:10 Uhr los. „Wir haben Hunger!", maulen die beiden Kinder. Frau Mitsch überlegt: Von hier bis zum Bäcker sind es **6 Minuten**, Brötchen aussuchen und bezahlen dauert **8 Minuten**… Reicht die Zeit noch?
Rechne aus, wie lange das Brötchen holen insgesamt dauern würde.

1	Die Zeit hat noch gereicht. Glücklich sitzt Familie Mitsch im Zug und isst ihre Brötchen. Auch die Durchsage, dass sich ihre Ankunftszeit in Paris **um 39 Minuten verzögert**, stört sie nicht. Eigentlich dauert die Fahrt **3 h 56 min**. Um wie viel Uhr kommt der Zug jetzt in Paris an?
2	Hier bist du nicht richtig. Pass auf, dass du die Zeit **subtrahierst**! Lies noch einmal genau bei **11** nach.
3	Herr Mitsch freut sich, endlich sind sie in Österreich angekommen. Es kann losgehen mit dem Wandern! In **einer Stunde** wandert man ungefähr **4 Kilometer**. Die Familie wählt eine Wanderung, die **12 Kilometer** lang ist. Sie machen **zweimal eine halbe Stunde** Pause. Wie lange sind sie insgesamt unterwegs? Brauchst du Hilfe? Dann schau bei **18** nach.
4	Wenn du auf 11 h 9 min gekommen bist, hast du eine wichtige Information überlesen. Lies noch einmal bei **13** nach.
5	Familie Mitsch ist keine 3 Stunden am Stück gewandert. Sie haben auch Pause gemacht. Gehe zu **3** zurück und lies noch einmal genau nach.
6	Nach 4 Stunden ist die schöne Wanderung vorbei. Familie Mitsch genießt die Zeit in Österreich. Zum Glück ist das Wetter gut. Nach vier Tagen macht sich die Familie auf den Weg nach Hause. Der Urlaub ist zu Ende. Opa Mitsch möchte die Familie am Bahnhof in Frankfurt abholen. Die Heimfahrt dauert **4 Stunden und 9 Minuten**. Familie Mitsch ruft ihn um **9:13 Uhr** an, als der Zug gerade in Österreich abfährt. Opa Mitsch fragt, um wie viel Uhr der Zug in Frankfurt ankommt.
7	Ankunft in Paris um 12:40 Uhr? Da hast du dich verrechnet. Lies noch einmal genau bei **1** nach.
8	Um 14:09 Uhr soll der Zug in Frankfurt ankommen? Da stimmt etwas nicht. Gehe zu **6** und lies noch einmal genau.

9	Es hat alles super geklappt. Opa Mitsch steht bereits am Bahnsteig und wartet. Familie Mitsch hat einiges von ihrer Reise zu berichten.
10	Um 12:45 Uhr kommt die Familie in Paris an. Frau Mitsch möchte unbedingt den Eifelturm sehen. Eine kurze Recherche ergibt: Der Weg zum Eifelturm dauert **25 Minuten**. Für die Besichtigung des Eifelturms muss **eine Stunde** anstehen an der Kasse eingeplant werden, **20 Minuten** anstehen am Aufzug, **30 Minuten** Besichtigung 1. Stock, **20 Minuten** Besichtigung 2. Stock, **20 Minuten** Besichtigung Spitze. Der Rückweg bis zum Bahnhof dauert wieder **25 Minuten**. Wie lange dauert der Ausflug zum Eifelturm?
11	17 h 45 min sind eine lange Zeit. In Barcelona bleibt Familie Mitsch drei Tage. Die Kinder lieben besonders den Strand direkt in der Stadt. Am letzten Tag überlegen Herr und Frau Mitsch, wie viel Unterschied es machen würde, statt der Fähre das Flugzeug nach Rom zu nehmen. Die Fähre von Barcelona bis nach Rom braucht **47 Stunden**. Ein Flug von Barcelona nach Rom dauert **1 Stunde und 45 Minuten**. Wie viel länger braucht die Fähre als das Flugzeug?
12	18:03 Uhr ist eine lustige Uhrzeit. Aber du hast da etwas verdreht. Lies noch einmal bei **17** nach.
13	Pünktlich um 18:30 Uhr sitzt die Familie zufrieden im Restaurant und isst Pizza und Pasta. Die Zeit in Rom vergeht wie im Flug. Mit öffentlichen Verkehrsmitteln geht es danach weiter nach Österreich. Zuerst **3 Stunden und 42 Minuten** mit dem Zug bis nach Venedig. Vom Bahnhof in Venedig geht es mit der Straßenbahn zum Fernbus-Bahnhof. Das dauert **37 Minuten**. Der Fernbus braucht **6 Stunden und 50 Minuten**. Zum Schluss fährt Familie Mitsch **18 Minuten** mit dem Taxi bis zum Hotel. Wie lange dauert die Reise von Rom bis ins Hotel in Österreich?
14	Nach 200 Minuten steht Familie Mitsch wieder am Bahnhof. Mama Mitsch ist so begeistert von Paris, dass sich die Familie spontan entscheidet länger zu bleiben. Sie buchen ihre Zugtickets um und bleiben vier Tage in Paris. Dann geht es mit dem Zug weiter nach Barcelona in Spanien. Um **16:30 Uhr** fährt der Zug los. Ankunft in Barcelona ist um **10:15 Uhr**. Wie lange fährt Familie Mitsch?
15	Du hast vergessen den Rückweg mit zu berechnen. 14 Minuten stimmt nicht.
16	Bist du dir sicher, dass der Ausflug zum Eifelturm nur 140 Minuten dauert? Lies noch einmal bei **10** nach.
17	Herr und Frau Mitsch haben sich ausnahmsweise für das Flugzeug entschieden. Die Fähre braucht 45 h 15 min länger. Das sind fast zwei Tage Unterschied! So hat die Familie mehr Zeit in Rom. Am ersten Tag machen sie eine große Stadtrundfahrt. Die Stadtrundfahrt dauert **4 Stunden und 30 Minuten** und geht um **14 Uhr** los. Sie endet an einem Restaurant, in dem zusammen zu Abend gegessen werden soll. Wann erreicht Familie Mitsch das Restaurant?
18	Rechne zuerst 12 : 4 =
19	5 h 45 min reicht nicht. Achte darauf, dass der Zug um 10:15 Uhr am nächsten Tag ankommt.

Meine Lesespur:

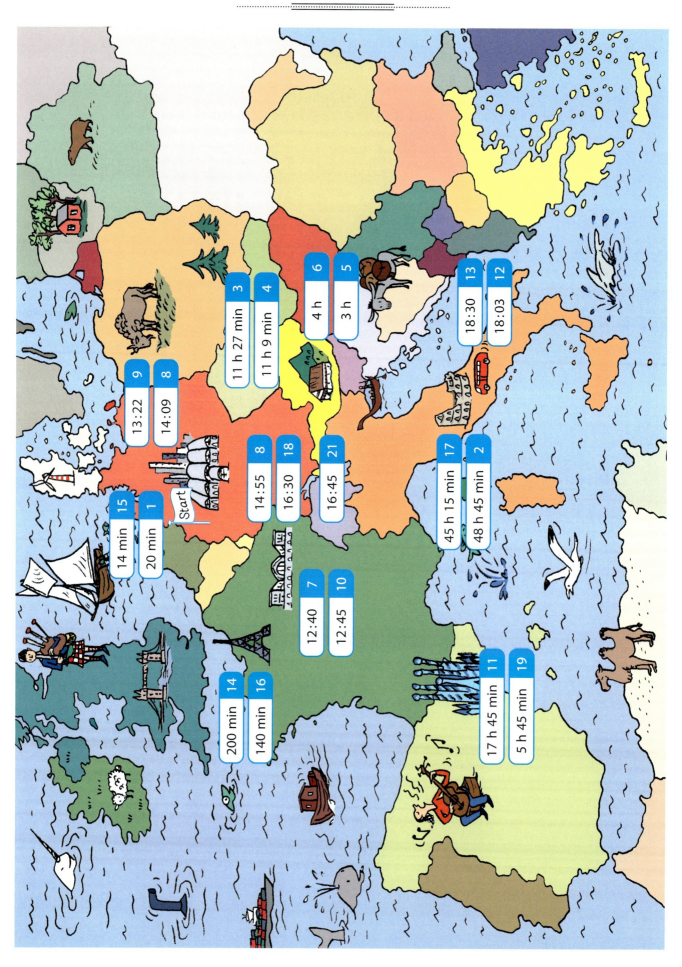

Familienurlaub durch Europa – Lesespurgeschichte (2)

> **Hinweis:** Achte auf die Zeiteinheiten.

Familie Mitsch fährt in den Urlaub. Wie immer ist es schwer, alle Wünsche unter einen Hut zu bringen. Frau Mitsch wollte schon immer mal nach Paris, die Kinder wollen auf jeden Fall baden und Herr Mitsch liebt das Wandern.

Los geht die Reise vom Bahnhof in Frankfurt am Main. Um 07:45 Uhr ist die Familie am Bahnhof. Laut Plan fährt der Zug um 8:10 Uhr los. „Wir haben Hunger!", maulen die beiden Kinder. Frau Mitsch überlegt: Von hier bis zum Bäcker sind es 6 Minuten, Brötchen aussuchen und bezahlen dauert nochmal 8 Minuten. Reicht die Zeit noch? Rechne aus, wie lange das Brötchen holen insgesamt dauern würde.

1	Die Zeit hat noch gereicht. Glücklich sitzt Familie Mitsch im Zug und isst ihre Brötchen. Auch die Durchsage, dass sich die Ankunftszeit in Paris um 39 Minuten verzögert, stört sie nicht. Eigentlich dauert die Fahrt 3 h 56 min. Um wie viel Uhr kommt der Zug jetzt in Paris an?
2	Hier bist du nicht richtig. Pass auf, dass du die Zeit subtrahierst! Lies noch einmal genau bei **11** nach.
3	Herr Mitsch freut sich, endlich sind sie in Tirol in Österreich angekommen. Es kann losgehen mit dem Wandern! In einer Stunde wandert man ungefähr 4 Kilometer. Die Familie wählt eine Wanderung die 12 Kilometer lang ist. Sie machen zweimal eine halbe Stunde Pause. Wie lange sind sie insgesamt unterwegs?
4	Wenn du auf 11 h 9 min gekommen bist, hast du eine wichtige Information überlesen. Lies noch einmal bei **13** nach.
5	Familie Mitsch ist keine 3 Stunden am Stück gewandert. Sie haben auch Pause gemacht. Gehe zu **3** zurück und lies noch einmal genau nach.

6	Nach 4 Stunden ist die schöne Wanderung vorbei. Familie Mitsch genießt die schöne Zeit in Österreich. Zum Glück ist das Wetter gut. Die beiden Kinder wollen nun aber endlich baden. Also geht es weiter zum Bodensee. Nach dem ersten Tag am See hat die ganze Familie einen Sonnenbrand. Deswegen muss für den nächsten Tag eine andere Aktivität her. Familie Mitsch will eine Schiffsrundfahrt machen. Sie finden die folgenden Informationen:
	
	    Abfahrt 14:55 Uhr Dauer 3 h 2 min
	    Abfahrt 16:30 Uhr Dauer 1 h 20 min
	    Abfahrt 16:45 Uhr Dauer 1 h 10 min
	
	Bei welcher Fahrt wären sie am frühesten wieder zurück?

7	Ankunft in Paris um 12:40 Uhr? Da hast du dich verrechnet. Lies noch einmal genau bei **1** nach.
8	Die Abfahrt um 14:55 Uhr ist nicht am frühesten wieder zurück. Lies noch einmal genau bei **6** nach.

Familienurlaub durch Europa – Lesespurgeschichte (2)

9	Es hat alles super geklappt. Opa Mitsch steht bereits am Bahnsteig und wartet. Familie Mitsch hat einiges von ihrer Reise zu berichten. Du hast die Lesespur geschafft. Jetzt ist die Profiaufgabe bestimmt ein Klacks für dich.
10	Um 12:45 Uhr kommt die Familie in Paris an. Frau Mitsch möchte unbedingt den Eifelturm sehen. Eine kurze Recherche ergibt: Der Weg zum Eifelturm dauert 25 Minuten. Für die Besichtigung des Eifelturms muss eine Stunde anstehen an der Kasse eingeplant werden, 20 Minuten anstehen am Aufzug, 30 Minuten Besichtigung 1. Stock, 20 Minuten Besichtigung 2. Stock, 20 Minuten Besichtigung Spitze. Der Rückweg bis zum Bahnhof dauert wieder 25 Minuten. Wie lange dauert der Ausflug zum Eifelturm?
11	17 h 45 min sind eine lange Zeit. Zum Glück hat Familie Mitsch einige Spiele eingepackt, die man auch unterwegs spielen kann. Die Kinder können gar nicht genug bekommen! Aber irgendwann schlafen die zwei doch ein. So können ihre Eltern in Ruhe überlegen, wie viel Unterscheid es machen würde, das Flugzeug statt der Fähre nach Rom zu nehmen. Die Fähre von Barcelona bis nach Rom braucht 47 Stunden. Ein Flug von Barcelona nach Rom dauert 1 Stunde und 45 Minuten. Wie viel länger braucht die Fähre als das Flugzeug?
12	18:03 Uhr ist eine lustige Uhrzeit. Aber du hast da etwas verdreht. Lies noch einmal bei **17** nach.
13	Pünktlich um 18:30 Uhr sitzt die Familie zufrieden im Restaurant und isst Pizza und Pasta. Die Zeit in Rom vergeht wie im Flug. Mit öffentlichen Verkehrsmitteln geht es nun weiter nach Österreich. Zuerst 3 Stunden und 42 Minuten mit dem Zug bis nach Venedig. Vom Bahnhof in Venedig geht es mit der Straßenbahn zum Fernbus-Bahnhof. Das dauert 37 Minuten. Der Fernbus braucht 6 Stunden und 50 Minuten. Zum Schluss fährt Familie Mitsch 18 Minuten mit dem Taxi bis zum Hotel. Wie lange dauert die Reise von Rom bis ins Hotel in Österreich?
14	Nach 200 Minuten steht Familie Mitsch wieder am Bahnhof. Mama Mitsch ist so begeistert von Paris, dass sich die Familie spontan entscheidet länger zu bleiben. Sie buchen ihre Zugtickets um und bleiben vier Tage in Paris. Dann geht es mit dem Zug weiter nach Barcelona in Spanien. Um 16:30 Uhr fährt der Zug los. Ankunft in Barcelona ist um 10:15 Uhr. Wie lange fährt Familie Mitsch?
15	Du hast vergessen den Rückweg mit zu berechnen. 14 Minuten stimmt nicht.
16	Bist du dir sicher, dass der Ausflug zum Eifelturm nur 140 Minuten dauert? Lies noch einmal bei **10** nach.
17	Herr und Frau Mitsch haben sich ausnahmsweise für das Flugzeug entschieden. Die Fähre braucht 45 h 15 min länger. Das sind fast zwei Tage Unterschied! So hat die Familie mehr Zeit in Rom. Am ersten Tag machen sie eine große Stadtrundfahrt. Die Stadtrundfahrt dauert 4 Stunden und 30 Minuten und geht um 14 Uhr los. Sie endet an einem Restaurant, in dem zusammen zu Abend gegessen werden soll. Wann erreicht Familie Mitsch das Restaurant?
18	Um 17:50 Uhr ist die früheste Schiffsrundfahrt zu Ende. Nach vier Tagen am Bodensee macht sich Familie Mitsch auf den Weg nach Hause. Der Urlaub ist zu Ende. Opa Mitsch möchte die Familie am Bahnhof in Frankfurt abholen. Die Heimfahrt dauert 4 Stunden und 9 Minuten. Familie Mitsch ruft ihn um 9:13 Uhr an, als der Zug am Bodensee abfährt. Opa Mitsch fragt, um wie viel Uhr der Zug in Frankfurt ankommt.

19	5 h 45 min reicht nicht. Achte darauf, dass der Zug um 10:15 Uhr am nächsten Tag ankommt.
20	Um 14:09 Uhr soll der Zug in Frankfurt ankommen? Da muss Opa Mitsch lange am Bahnsteig warten! Da stimmt etwas nicht. Gehe zu **6** und lies genau.
21	Hier wären sie um 17:55 Uhr zurück. Rechne genau, das ist nicht der früheste Zeitpunkt!

Meine Lesespur:

◯ ◯ ◯ ◯ ◯ ◯ ◯ ◯ ◯ ◯

Aufgaben für Profis:

Schreibe die Lösungszeiten von **3**, **6**, **11** und **17** in Minuten auf.

3 _____

6 _____

11 _____

17 _____

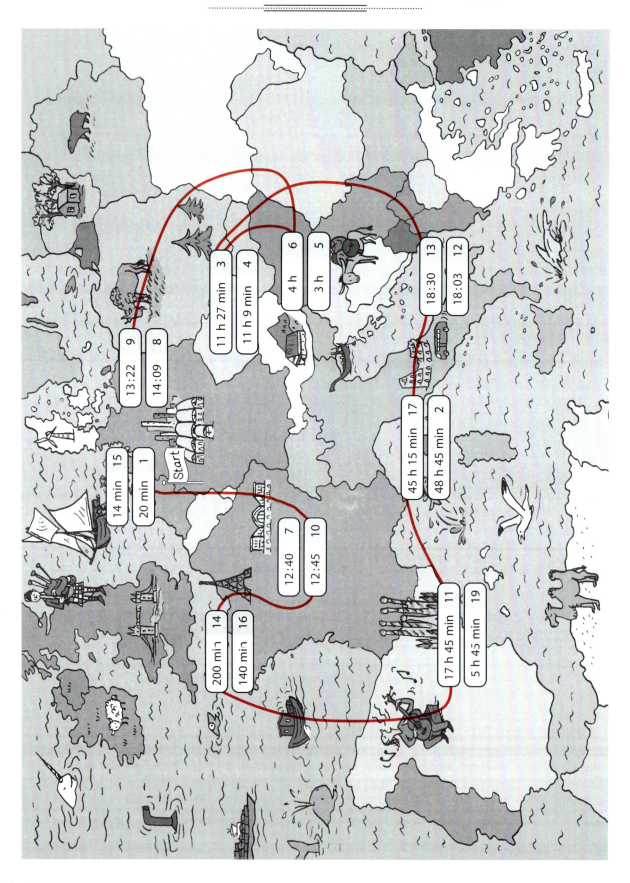

Meine Lesespur:

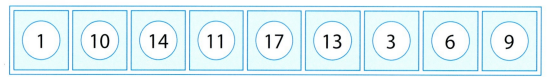

| 1 | 10 | 14 | 11 | 17 | 13 | 3 | 6 | 9 |

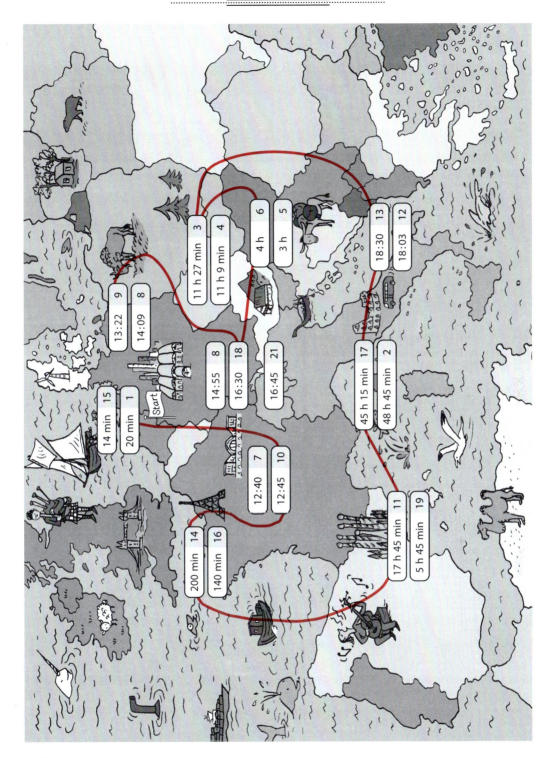

Meine Lesespur:

(1) (10) (14) (11) (17) (13) (3) (6) (18) (9)

Aufgaben für Profis:

3 11 h 27 min = 687 min

11 17 h 45 min = 1065 min

6 4 h = 240 min

17 45 h 15 min = 2715 min

~ Die fabelhafte Eisfabrik – Lesespurgeschichte (1) ~

> **Hinweise:**
> So berechnest du den Bruchteil eines Ganzen:
> 1. Teile das Ganze durch den Nenner.
> 2. Multipliziere das Ergebnis mit dem Zähler.
>
> Beispiel: $\frac{1}{3}$ von 15 kg → 15 : 3 = 5 → 5 · 1 = 5
>
> ($\frac{1}{3}$ von 15 kg sind 5 kg)

Was ist das? Staunend schaut Lara an dem großen Gebäude vor sich hoch. Es ist riesig! Sie überlegt, ob sie wohl träumt. Viele kleine flauschige Lebewesen laufen an ihr vorbei. Lara lässt sich von ihnen in das Gebäude mitziehen. Drinnen bleibt sie wie angewurzelt stehen und staunt. Hier gibt es riesige Spritzdüsen, Rührschüsseln und Behälter. Plötzlich stolpert eins der flauschigen Lebewesen gegen sie und fällt hin. „Autsch!" Langsam rappelt es sich wieder auf und fragt verwundert: „Wer bist du denn? Bist du neu hier? Ich habe dich noch nie gesehen." Lara nickt und stellt sich vor. Das Wesen antwortet: „Schön dich kennenzulernen. Ich heiße Wuschel. Soll ich dir unsere Eisfabrik zeigen?" „Ja gern", antwortet Lara.

Wuschel strahlt und schon geht die Führung los. „Jeden Tag werden hier **15** Kilogramm Erdbeereis produziert. $\frac{1}{3}$ davon besteht aus richtigen Erdbeeren. Weißt du, wie viel Kilogramm Erdbeeren in dem Eis sind?" Wuschel sieht Lara fragend an.

1	Das sind ganz schön viele Schokostreusel. Da läuft Lara schon vom Zusehen das Wasser im Mund zusammen. „Du Wuschel, was ist das denn für eine Sorte?" Lara zeigt auf ein giftgrünes Eis, das gerade gemischt wird. „Das ist mein Lieblingseis, Waldmeister. Auf **10** Kilogramm Eis kommt $\frac{1}{5}$ Waldmeistersirup." Lara rechnet nach, wie viel Kilogramm Sirup das sind.
2	Hier bist du falsch. Blinky nascht nur schon einmal von dem leckeren Schokoeis.
3	Wuschel verzieht sein Gesicht. „Nein, 3 Kilogramm Sirup wären viel zu süß!" Rechne noch einmal nach.
4	Leider falsch. Rechne noch einmal genau nach.
5	11 Mitarbeiterinnen und Mitarbeiter verpacken hier fleißig das Eis. Lara ist fasziniert wie schnell das geht. „Arbeitest du eigentlich gern hier?", möchtest von Wuschel wissen. „Oh ja. Für mich gibt nichts Besseres, als den ganzen Tag Eis herzustellen. Und meine Chefin ist super! Bei unseren Zutaten achten wir darauf, dass die Natur möglichst nicht beschädigt wird. Außerdem wird von unseren **100** Millionen Euro Jahreseinnahmen $\frac{1}{20}$ für die Umwelt gespendet."
6	8 Kilogramm Glitzer ist leider falsch. Rechne erneut.
7	„5 Kilogramm Erdbeeren", antwortet Lara. Wuschel macht vor Freude einen Luftsprung: „Super! Und schau, da vorn werden die Schokostreusel für unser leckeres Streuseleis dazugegeben." Lara beobachtet, wie eine große Wanne mit Schokostreuseln in die Eiscreme gekippt wird. Stolz erzählt Wuschel: „Von dem Eis stellen wir täglich sogar **48** Kilogramm her. Die Streusel machen $\frac{1}{8}$ der Menge aus."
8	„6 Kilogramm Kakao sind zu wenig", ruft Wuschel. Rechne noch einmal nach.

9 9 Kilogramm Blaubeeren rollen über den Boden. Schussel tut Lara ein bisschen leid, aber als sie sieht, dass er getröstet wird und die anderen beim Aufsammeln helfen, ist sie beruhigt. „Gleich hast du alles gesehen", freut sich Wuschel. „$\frac{1}{4}$ unserer Mitarbeiterinnen und Mitarbeiter verpackt am Ende die Eissorten. Insgesamt arbeiten **44** von uns hier."

10 Lara rechnet angestrengt im Kopf. „Dann habt ihr 5 saisonale Eisvarianten." „Richtig!", ruft Wuschel. „Und wir testen immer wieder neue Sorten. Gerade wird mein Vorschlag getestet: ein Eis, das glitzert! Es werden einmalig **72** Kilogramm hergestellt. $\frac{1}{6}$ von dem Eis besteht aus essbarem Glitzer."

11 2 Kilogramm Waldmeistersirup, das hört sich beeindruckend an. In dem Moment steigt Lara ein kräftiger Schokoladenduft in die Nase. Wuschel bemerkt, dass Lara schnuppert und erklärt: „Das ist unser Schokoeis. Es ist besonders schokoladig, weil wir echten Kakao untermischen. Auf **24** Kilogramm Eiscreme kommt $\frac{1}{3}$ Kakao."

12 Lara ist beeindruckt: „5 Millionen Euro Spende, euch ist die Umwelt wirklich wichtig!" Wuschel nickt: „Ja, und zufriedene Kinder sind uns auch wichtig. Aber jetzt muss ich weiterarbeiten. Tschüss!" Wuschel winkt Lara zum Abschied zu. Plötzlich hört sie ein Klingeln. Es wird immer lauter …

Lara öffnet die Augen. Sie liegt zu Hause in ihrem Bett. Das Klingeln kommt von ihrem Wecker. Sie hat also wirklich alles nur geträumt.

13 Fasziniert schaut Lara zu, wie eins der Wesen 12 Kilogramm Glitzer in die Eiscreme kippt und die Eiscreme langsam anfängt zu glitzern. Da rumpelt es plötzlich und Lara kommen lauter blaue Beeren entgegengerollt. „Oh nein", stöhnt Wuschel, „Schussel hat schon wieder eine Wanne umgestoßen. Hoffentlich wird das Blaubeereis heute noch fertig. **63** Kilogramm sollen hergestellt werden. $\frac{1}{7}$ davon sind Blaubeeren."

14 6 Kilogramm Blaubeeren sind ein guter Anfang. Aber sie reichen nicht für das Rezept. Rechne noch einmal nach.

15 7 Kilogramm Schokostreusel? Es kommen zwar viele Streusel in das Eis, aber hier ist dir beim Rechnen ein Fehler unterlaufen. Prüfe deine Rechnung.

16 8 Kilogramm Kakao, kein Wunder, dass es hier so lecker riecht. Wuschel erklärt weiter: „Wir produzieren in unserer Fabrik **30** verschiedene Eissorten. Die Hälfte ($\frac{1}{2}$) davon sind Milcheissorten, $\frac{1}{3}$ sind Fruchteissorten und der Rest sind saisonale Sorten. Im Winter haben wir zum Beispiel Lebkucheneis und Zimteis. Na, kannst du herausfinden, wie viele saisonale Varianten wir haben?" Wuschel lacht und wartet gespannt auf Laras Antwort.

17 6 Millionen Euro Spende für die Umwelt, das wäre beeindruckend! Ist aber leider falsch. Schau dir die Zahlen noch einmal genau an.

18 Da ist etwas bei der Rechnung schiefgegangen. Rechne noch einmal nach.

Meine Lesespur:

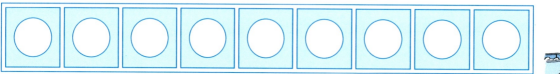

⌒ Die fabelhafte Eisfabrik – Lesespurgeschichte (2) ⌒

Was ist das? Staunend schaut Lara an dem großen Gebäude vor sich hoch. Es ist riesig! Insgesamt zählt Lara sechs Türme und auf jedem Turm ist eine Eiskugel zu sehen. Kunterbunt und lecker sehen sie aus. Lara ist sich ziemlich sicher, dass sie träumt. Viele kleine flauschige Lebewesen laufen an ihr vorbei. Sie lässt sich von ihnen in das Gebäude mitziehen. Drinnen bleibt Lara wie angewurzelt stehen und staunt. Hier gibt es riesige Spritzdüsen, Rührschüsseln und Behälter. Plötzlich stolpert eins der flauschigen Lebewesen gegen sie und fällt hin. „Autsch!" Langsam rappelt es sich wieder auf und fragt verwundert: „Wer bist du denn? Bist du neu hier? Ich habe dich noch nie gesehen." Lara nickt und stellt sich vor. Das Wesen antwortet: „Schön dich kennenzulernen. Ich heiße Wuschel. Soll ich dir unsere Eisfabrik zeigen?" „Ja gern", antwortet Lara.

Wuschel strahlt und schon geht die Führung los. „Jeden Tag werden hier 15 Kilogramm Erdbeereis produziert. Ein Drittel davon besteht aus richtigen Erdbeeren. Weißt du, wie viel Kilogramm Erdbeeren in dem Eis sind?" Wuschel sieht Lara fragend an.

1	Das sind ganz schön viele Schokostreusel. Da läuft Lara schon vom Zusehen das Wasser im Mund zusammen. „Du Wuschel, was ist das denn für eine Sorte?" Lara zeigt auf ein giftgrünes Eis, das gerade gemischt wird. „Das ist mein Lieblingseis, Waldmeister. Auf zehn Kilogramm Eis kommt ein Fünftel Waldmeistersirup." Lara rechnet nach, wie viel Kilogramm Sirup das sind.
2	Hier bist du falsch. Blinky nascht nur schon einmal von dem leckeren Schokoeis.
3	Wuschel verzieht sein Gesicht. „Nein, drei Kilogramm Sirup wären viel zu süß!" Rechne noch einmal nach.
4	Leider falsch. Rechne noch einmal genau nach.
5	Elf Mitarbeiterinnen und Mitarbeiter verpacken hier fleißig das Eis. Lara ist fasziniert wie schnell das geht. „Arbeitest du eigentlich gern hier?", möchtest sie von Wuschel wissen. „Oh ja. Für mich gibt nichts Besseres, als den ganzen Tag Eis herzustellen. Und meine Chefin ist super! Bei unseren Zutaten achten wir darauf, dass die Natur möglichst nicht beschädigt wird. Außerdem wird von unseren 100 Millionen Euro Jahreseinnahmen ein Zwanzigstel für die Umwelt gespendet."
6	Acht Kilogramm Glitzer ist leider falsch. Rechne erneut.
7	„Fünf Kilogramm Erdbeeren", antwortet Lara. Wuschel macht vor Freude einen Luftsprung: „Super! Und schau, da vorn werden die Schokostreusel für unser leckeres Streuseleis dazugegeben." Lara beobachtet, wie eine große Wanne mit Schokostreuseln in die Eiscreme gekippt wird. Stolz erzählt Wuschel: „Von dem Eis stellen wir täglich sogar 48 Kilogramm her. Die Streusel machen ein Achtel der Menge aus."
8	„Sechs Kilogramm Kakao sind zu wenig", ruft Wuschel. Rechne noch einmal nach.
9	Neun Kilogramm Blaubeeren rollen über den Boden. Schussel tut Lara ein bisschen leid, aber als sie sieht, dass er getröstet wird und die anderen ihm beim Aufsammeln helfen, ist sie beruhigt. „Gleich hast du alles gesehen", freut sich Wuschel. „Ein Viertel unserer Mitarbeiterinnen und Mitarbeiter verpackt am Ende die Eissorten. Insgesamt arbeiten 44 von uns hier."
10	Lara rechnet angestrengt im Kopf. „Dann habt ihr fünf saisonale Eisvarianten." „Richtig!", ruft Wuschel. „Und wir testen immer wieder neue Sorten. Gerade wird mein Vorschlag getestet: ein Eis, das glitzert. Es werden einmalig 72 Kilogramm hergestellt. Ein Sechstel von dem Eis besteht aus essbarem Glitzer."

11 Zwei Kilogramm Waldmeistersirup, das hört sich beeindruckend an. In dem Moment steigt Lara ein kräftiger Schokoladenduft in die Nase. Wuschel bemerkt, dass Lara schnuppert und erklärt: „Das ist unser Schokoeis. Es ist besonders schokoladig, weil wir echten Kakao untermischen. Auf 24 Kilogramm Eiscreme kommt ein Drittel Kakao."

12 Lara ist beeindruckt: "Fünf Millionen Euro Spende, euch ist die Umwelt wirklich wichtig!" Wuschel nickt: „Ja, und zufriedene Kinder sind uns auch wichtig. Also wenn du mal eine Idee für eine neue Eissorte hast, kannst du sie gern an uns schicken. Ich muss jetzt weiterarbeiten. Tschüss!" Wuschel winkt Lara zum Abschied zu. Plötzlich hört sie ein Klingeln. Es wird immer lauter …

Lara öffnet die Augen. Sie liegt zu Hause in ihrem Bett. Das Klingeln kommt von ihrem Wecker. Sie hat also wirklich alles nur geträumt.

13 Fasziniert schaut Lara zu, wie eins der Wesen zwölf Kilogramm Glitzer in die Eiscreme kippt und die Eiscreme langsam anfängt zu glitzern. Sie bemerkt, dass Wuschel und sie von dem feinen Staub auch leicht glitzern. Da rumpelt es plötzlich und Lara kommen lauter blaue Beeren entgegengerollt. „Oh nein", stöhnt Wuschel, „Schussel hat schon wieder eine Wanne umgestoßen. Hoffentlich wird das Blaubeereis heute noch fertig. 63 Kilogramm sollen hergestellt werden. Ein Siebtel davon sind Blaubeeren."

14 Sechs Kilogramm Blaubeeren sind ein guter Anfang. Aber sie reichen nicht für das Rezept. Rechne noch einmal nach.

15 Sieben Kilogramm Schokostreusel? Es kommen zwar viele Streusel in das Eis, aber hier ist dir beim Rechnen ein Fehler unterlaufen. Prüfe deine Rechnung.

16 Acht Kilogramm Kakao, kein Wunder, dass es hier so lecker riecht. Wuschel erklärt weiter: „Wir produzieren in unserer Fabrik 30 verschiedene Eissorten. Die Hälfte davon sind Milcheissorten, ein Drittel sind Fruchteissorten und der Rest sind saisonale Sorten. Im Winter haben wir zum Beispiel Lebkucheneis und Zimteis. Na, kannst du herausfinden, wie viele saisonale Varianten wir haben?" Wuschel lacht und wartet gespannt auf Laras Antwort.

17 Sechs Millionen Euro Spende für die Umwelt, das wäre beeindruckend! Ist aber leider falsch. Schau dir die Zahlen noch einmal genau an.

18 Da ist etwas bei der Rechnung schiefgegangen. Rechne noch einmal nach.

Meine Lesespur:

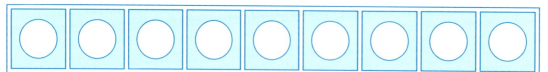

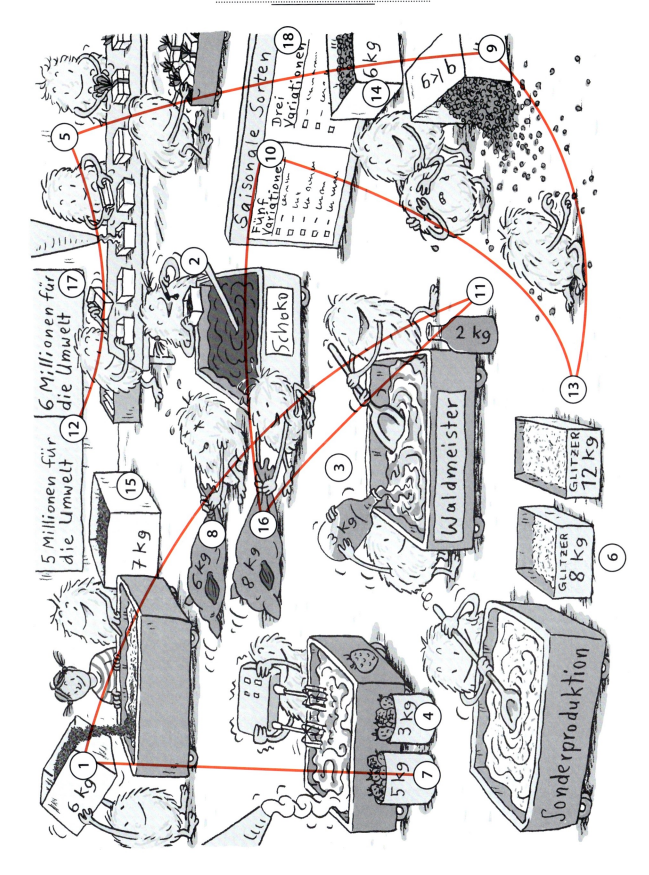

Meine Lesespur:

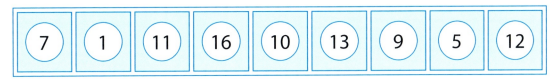

| 7 | 1 | 11 | 16 | 10 | 13 | 9 | 5 | 12 |